전생수의 못다한 이야기

더 얻을 것도 더 누릴 것도 없는 삶

초판 1쇄   2006년 4월 15일
초판 5쇄   2006년 4월 22일

전생수 지음

발 행 인 | 신경하
편 집 인 | 손삼권
편   집 | 박영신 성민혜

펴 낸 곳 | 도서출판 kmc
등록번호 | 제2-1607호
등록일자 | 1993년 9월 4일

(100-101) 서울특별시 중구 태평로1가 64-8 감리회관 16층
(재)기독교대한감리회 홍보출판국

대표전화 | 02-399-2008 팩스 | 02-399-2085
홈페이지 | http://www.kmcmall.co.kr
         http://www.kmc.or.kr

디자인 · 인쇄 | 리더스 02)389-4066

값 10,000원
ISBN 89-8430-307-0 03800

더 얻을 것도
더 누릴 것도 없는 삶

반쪽 목사 전생수의 못다한 이야기

kmc

모든 것을 이루기에 이르지 않은
쉰둘에
마치 처음의 그 날처럼
첫발을 내딛은
허이(虛耳) 전생수를 기리며

| 추천의 글 |

향기를 내는 데
꼭 큰 꽃이어야 하는 건 아니라네

    나는 그를 그냥 '생수'라 부르련다. 그가 살아 있을 때 그렇게 불렀듯이! 나는 아직도 그가 이 산하 어딘가에 살아 있는 것만 같다. 해마다 충주 사과가 익을 무렵이면 사과 박스를 들고 그가 불쑥 나타나듯이 큰 덩치를 뒤뚱거리며 내 앞에 나타날 것만 같다. 얼마 전에는 인도 여행을 가서 푸른 들길을 걷다가 들판 여기저기에 어슬렁거리는 소들을 보면서 나는 생수 생각을 했다. 언젠가 그는 목회생활에서 자유로워지면 고향으로 가서 소나 몇 마리 키우고 싶다고 했다. 그가 그렇게 얘기할 때면 나는 참으로 그다운 생각이라고 여겼다. 아마도 그것이 욕심 없이 세상을 살아온 그의 마지막 욕심이었으리라.
    나는 지금 그가 남긴 유고집에 붙일 글을 몇 줄 쓰고 있지만, 그가 과연 이렇게 자기가 쓴 글이 책으로 묶이기를 바랐는지 모르겠다. 자주 만나면서도 그는 자기가 무슨 글을 쓴다는 얘기를 한 적이 없었다. 함께 만나 식사를 하고 차라도 나눌 때면, 그는 자기의 속내를 숨김없이 드러내곤 했는데, 사실 나는 그가 남긴 유언장도 장례식장에서 처음으로 보았다. 그리고 출판사에서 보내준 그의 유고들을 읽으면서 나는 뒤통수를 한 방 맞은 기분이었다. 그가 남긴 꼼꼼한 삶의 기록들을 보며, 그에게 이처럼 글쓰기의 욕심이 있었구나 하는 생각 때문이었다. 하지만 다시 생각하면, 나 같은 글쟁이처럼 그런 욕심이 그에게 있었다고는 여기지 않는다. 해서 나는 이 지면을 통해 그의 유고에 대해 이러쿵저러쿵 무슨 토를 달고 싶은 생각은 없다. 그가 섬긴 시골교회 노인들이라도 읽으면 다 알 만한 내용이니까. 다만 나는 여기서 그와 길벗으로 만나 사귀며 함께 누린 기쁨과 행복의 순간들을, 그의 유고집을 읽는 독자들과 나누고 싶을 뿐이다.

그를 처음 만난 건 동해안에서 함께 목회할 때였다. 나는 강릉 변두리의 한 시골교회를 섬겼고, 그는 강릉 도심에서 교우들이 많지 않은 작은 교회를 섬겼다. 당시 그가 섬기던 교회는 여러 모로 힘들어 보였다. 그러나 그는 교회 안팎의 어려움들을 친구인 내게도 쉽사리 드러내지 않았다. '예수의 도(道)'를 따르는 이는 마땅히 어렵게 살아야 한다는 생각이, 그 당시, 그의 삶을 지배하고 있는 것처럼 보였다. 그가 스스로 선택한 자발적 가난, 그 가난에 대해 주변의 동료 목회자들에게조차 이해받지 못하는 것에 대해서도 그가 불평하는 것을 들어본 기억이 없다. 인생 초년 목회지인 강릉에서도 그렇고 그의 마지막 목회지인 추평교회에서도 그는 그리스도라는 큰 나무의 '작은 그루터기'로 살아가는 것에 만족해했던 것 같다. 예수의 도를 따르는 사람으로서 그 "향기를 내는 데 꼭 큰 꽃이어야 하는 것은 아니"라고 여겼기 때문이리라.

그가 섬기던 예배당 작은 뜰에 핀 풀협죽도꽃이 그 향기로 벌 나비를 불러 모으듯이, 작은 그루터기의 삶을 지향한 그의 그늘 아래에는 항상 인생의 갈증에 시달리는 많은 이들이 모여들곤 했다. 유고에서 고백하듯이 그가 평범한 가정생활에 충실하지 못한 데는, 푸근하고 넉넉한 그의 그늘을 찾아드는 숱한 길동무들과의 사귐이 그 한 원인이었으리라. 그가 주로 정을 주고 삶을 나누던 이들 중에는, 틀에

박힌 삶을 견디지 못하는 주변인들이 많았던 것 같다. 제도종교의 고정된 틀을 깨뜨리고 예수의 자유혼(自由魂)을 추구하는 이들, 농부, 시인, 예술가, 사진작가 등등 다양한 층의 사람들이 그와 어울렸다. 일찍이 조부에게 한학을 배워 동양철학에 관심을 가진 그는 최근 몇 년간 후배들과 도덕경, 불경 등 동양경전을 공부하며 자기 사유의 폭을 넓히기에 힘쓰기도 했다. 물론 이런 공부조차 무슨 지적인 역량을 키우기 위함은 아니었던 것처럼 보인다.

  도회지 교회를 섬길 때보다 충주 변두리에 있는 추평리로 가서 농촌교회를 섬길 때 그의 삶이 훨씬 더 안정되어 보였는데, 그것은 아마도 그가 '농부의 가슴'을 가지고 있었기 때문이리라.

    오늘도 햇살은 눈부시고
    꽤 오랫동안 기울어
    이파리 시들시들한
    고추밭에서
    농부가 먼지 팍팍 나는
    제 가슴에
    말뚝을 박고 있다
    눈물은 나지 않는다
    피도 나지 않는다
    다만, 말뚝이 박히는 구멍에서
    뽀얀 한숨만
    푹! 푹! 터져나온다

이 짧은 글을 읽고 있으면, 백 키로가 넘는 그 거구의 몸 어디에 이런 섬세한 구석이 있었나 하는 생각이 든다. 늙은 농부의 가슴에서 터져 나오는 뽀얀 한숨, 그건 곧 늙은 농부들과의 동병상련의 마음에서 쏟아져 나오는 그의 한숨이고, 그가 한 숨결로 모신 예수의 한숨이며 아픔이었으리라. 그는 사순절 무렵이면 금식을 했다. 나는 금식을 해도 사흘을 넘겨본 기억이 없는데, 그는 금식을 시작하면 보름쯤은 식은 죽 먹듯이(?) 했다. 언젠가 그가 금식중이라고 했을 때, 나는 그의 두툼한 뱃살을 어루만지며 농 삼아 "암, 살 좀 빼야지!" 했지만, 그의 금식은 '폭! 폭!' 한숨만 터지는 황량한 농촌에서의 삶을 견디기 위한 몸부림이었는지도 모른다. 아니, 그 힘겨운 삶의 견딤 속에 자칫 황폐해지기 쉬운 자기 영혼을 돌보려는 수행의 한 방편이었을 것이다.

> 식도를 타고 넘어가는 소리도
> 항문을 통해 나가는 소리도
> 잠시 내 몸에서 떠났다.
> 아직 남은 것은
> 빈 창자에서 들리는 꼬르륵 소리,
> 이 소리도 오늘이면 떠나고
> 이제부터는 내게
> 씹지 않아도 되고
> 배설하지 않아도 되는
> 어떤 신령한 먹거리로 채워지려나?
> 귀로는 들을 수 없는

우주 속에 가득한 어떤
내밀(內密)한 소리가 들리려나?
― 〈금식〉

그는 그렇듯 자주 금식을 하며 육신의 귀로는 들을 수 없는 우주의 무슨 '내밀한 소리'를 들은 것일까. 그 소리를 듣고파 자신의 아호를 '허이'(虛耳)라 했던 것일까. 그는 그 무슨 '신령한 먹거리'로 그 배를 채웠기에 그토록 홀연히 세상을 버린 것일까.

죽은 벗은 말이 없으니 알 수 없는 일이다. 아무튼 그는 2년인가 3년간을 예배당 제단에서 소위 '장좌불와'(長坐不臥)를 했다고 한다. 장좌불와는 불가의 수행자들이 누워서 잠드는 편안한 잠자리를 거부하고 꼿꼿이 앉아서 자기를 채찍질하며 오랜 날들을 수행에 임하는 것이다. 그는 고행에 가까운 치열한 수련을 온몸으로 한 셈이다. 그 치열한 수련이 그의 죽음을 앞당겼는지도 모른다. 살아생전 그는 자기가 아끼는 후배들에게 "기도하다가 죽으련다!"고도 말했다고 한다. 나는 그 얘기를 그가 세상을 떠난 뒤에 듣고 쉽사리 믿기지 않아 농삼아 '뭘 보기는 본 모양이군!' 했지만, 지금 생각하면 그다운 죽음이란 생각을 버릴 수 없다. 그가 혼신을 다해 섬기던 하나님 앞에 기꺼이 순명(順命)하려는 지고지순한 몸짓이란 생각이 들기 때문이다.

홀로 들판을 걷다가 작은 풀꽃들이 바람결에 흔들리는 걸 보면, 나는 자주 그가 보고 싶다. 저 세상으로 그를 보내고 난 뒤 첫봄을 맞이하면서 연분홍 꽃봉오리 벙그는 사과밭 옆을 지나다 보면, 사과밭 속에서 홀연 그의 모습이 나타날 것만 같다. 나는 요즘도 이따금씩 그가 추평 땅에 살 때 자기만의 성소(聖所)라며 안내해 준 추평 저수지 옆의 고요한 솔밭이 그리워지곤 한다. 그는 이제 그 솔밭보다 더 아늑하고 고요한 성소에 들었다. 그가 애달아 그리던 분과 온전한 합일의 자리에 들었다. 농부의 마음을 간직한 목사로서, 치열한 수행자로서 평생을 하늘에 순명하고 살았던 자신의 삶의 깨달음을 오롯이 표출하고 있는 그의 뛰어난 시 한 편을 읽는 것으로, 나의 벗 허이(虛耳) 전생수 목사의 명복을 빌고 또 빈다. 부디 평안히 쉬시라!

나뭇잎이 떨어지는 것도
본디 제 맘이 아닌
우주의 움직임!

사는 일이 뜻대로 되지 않는다고
낙담하지 말라.
그대 속에 그대보다 더 큰 숨이
물결치고 있나니.
그 숨결 속에 그대 삶을 묻으라!

고진하(시인, 목사)

추천의 글 · 고진하

삶과 신앙
허이(虛耳), 이름처럼 살다 가다 · 15
허이(虛耳) 전생수 목사의 유언
촌에 사는 반쪽 목사의 목회 이야기

맑은 샘물 한 모금
지닌 것이 없어도 가난하지 않다 · 43
우리는 | 5월 | 빨간 여름 | 향기 | 그냥! | 사람·교회 | 새벽 | 몸살 Ⅰ | 몸살 Ⅱ | 몸·사람 | 김장 김치 | 달궈진 아궁이 | 나보다 낫다 | 기도 | 하루를 잘 살기 | 꽃잎 | 파리 장례식 | 훼방꾼 | 순명(順命) | 들풀 줄기 앞에서 | 언감생심(언 감을 따먹으며 나온 생각) | 한밤중의 명상 | 그루터기 | 희망 | 고함 | 수박바, 바람맞다 | 시간 | 새 떼 | 금식 | 어우른 세상 | 구원 | 열매 | 눈부심 | 개미 | 강아지도 외로움을 타는데 | 끈 | 행운 | 매화 나무와 노파와 그대 | 농부의 가슴 | 청명 | 상추쌈 | 어린 밤나무에게 | 길 위에서 | 호박꽃 | 헤어짐 | 작은 꽃 | 반딧불

참 좋은 교회, 더 좋은 교인들
이 시대의 모퉁이돌 · 77
주례 맡아줄 사람이 없어요 | 주일예배는 꼭 드리는데… | 찬송가 익히기 | 교인이 이 정도밖에… | 사돈 할머니를 뒤따른 할머니 | 똥 푼 다음날 아침 | 하느님의 능력이 참으로 크시지요? | "정말 시원하겠습니다" | 그래, 삶을 이렇게! | 기도하러 왔어요 | 나를 이 일에서 떼어내 주십시오 | 하룻길 나들이 | 추평교회 교우들의 시편 | 차라리 투정 부리는 것이 더 낫다 | 교회 학교 아이들을 유학 보내고 | 이 시대의 모퉁이돌 | 감자 값 | 베트남에서 온 새댁 | 지금까지 살아 있는 게 기적이에요 | 오고 싶은 교회 | 추평교회 쉰한 돌 생일

차례 살·펴·보·기

산머리 들머리 길을 따라
수도하는 신앙 · 129
마음 모아 들길 걷기 | 겸허함 | 순명(順命) | 섬김 | 깨어 있음 | 마음 다함 | 나는? | 걷기 | 눈으로 볼 수 없는 세계가 더 큽니다 | 인간은 무엇을 먹고 사는가? | '인'과 '의' | 하느님의 아름다움 속으로 | 둥지 | 존재하는 모든 것은 형제요 자매다 | 우리에게 필요한 것은? | 단 하나의 길 | 푸른 신앙 | 붉은 머리 오목눈이 | 날마다 새해 | 이 시대의 예수 사람들의 사랑하기 | 순식간에 스러지는 것들

산머리 들머리 소리
땅에서도 이루어지이다 · 175
잘 생긴 묘비 | 우리는 너희 임금이 아니야 | 민중의 포수? | 이제는 멈춰야 한다 | 허리통이 굵어졌다! | 되살아 피어나리라 | 회개 | 후세의 귀감 | 6월의 아픔, 6월의 분노 | 심부름꾼 | 먼저 몸을 잘 닦는 것이 어떨지 | 가난하고 불편하게 | 본 교회는 없다 | 죽어야 할 존재가 살았다면 | 우리는 혼란스럽지 않다

가족이야기
세상에서 가장 소중한 보물 · 215
아이야, 일어나라 | 자식 된 도리 | 사람들이 못 알아들어서 그렇지
전생수 목사의 가족이야기 · 이기록

추모의 글
처음 그날처럼 첫발을 내딛다 · 247
허이(虛耳)로 살고 싶습니다 · 허태수
장례 • 언론보도

삶과 신앙

허이(虛耳) 이름처럼 살다 가다

나는 오늘까지 주변인으로 살게 된 것을 감사하고
모아 놓은 재산 하나 없는 것을 감사하고
목회를 하면서 호의호식하지 않으면서도 모자라지 않게
살 수 있었음을 감사하며
이 땅에서 다른 무슨 배경 하나 없이 살 수 있었음을 감사하고
앞으로도 더 얻을 것도 없고 더 누릴 것도 없다는 것에
또한 감사하노라.

* 전생수 목사가 생전(2004. 2. 25)에 미리 작성한 '**유언**'과 자신의 삶을 되돌아보면서 쓴
'**목회이야기**'로 목회이야기는 1996년 말에 쓴 것으로 보인다.

허이(虛耳) 전생수 목사의 유언

이 땅에 태어나 아무개라는 이름을 달고 산 지
쉰한 해 되는 봄.
예수의 도에 입문한 지 스물여덟 번째 되는 해에
유서를 쓰노라.

나는 스물셋 되던 해에 예수의 도에 입문하여
늦은 나이에 학문을 접하며 좋은 스승들을 만났고
좋은 길벗들을 만나 여기까지 살게 된 것에 감사하노라.

나는 오늘까지 주변인으로 살게 된 것을 감사하고
모아 놓은 재산 하나 없는 것을 감사하고
목회를 하면서 호의호식하지 않으면서도 모자라지 않게
살 수 있었음을 감사하며
이 땅에서 다른 무슨 배경 하나 없이 살 수 있었음을 감사하고
앞으로도 더 얻을 것도 없고 더 누릴 것도 없다는 것에
또한 감사하노라.

사람들의 탐욕은 하늘 높은 줄 모르며 치솟고
사람들의 욕망은 멈출 줄 모르고 내달리며
세상의 마음은 흉흉하기 그지없는 때에
아무런 미련 없이 떠날 수 있음에 참으로 감사하노라.

이에 남은 이들에게 몇 가지 당부를 하노니

첫째, 나는 치료하기 어려운 병에 걸리면 치료를 받지 않을 것인즉 병원에 입원하기를 권하지 말라.

둘째, 나는 병에 걸려 회복하기 어렵다고 판단되면 어떤 음식이든 먹지 않을 것인즉 억지로 권하지 말라. 또한 내가 의식이 있는 동안에 나의 죽음에 대한 이야기 나누기를 꺼려하지 말라.

셋째, 내가 죽으면 가까운 사람들에게만 알려 장례를 번거롭게 하지 말라.

넷째, 내가 죽으면 내 몸의 쓸모 있는 것들은 필요한 사람들에게 나누어 주고, 나머지는 내가 예배를 집례할 때 입던 옷을 입혀 화장을 하고, 현행법에 어긋나지 않는다면 고향 마을에 뿌려 주기를 바란다.

다섯째, 내가 죽은 뒤에는 나에 대한 어떠한 흔적도 땅 위에 남기지 말라(푯말이나 비석 따위조차도). 와서 산만큼 신세를 졌는데 더 무슨 폐를 끼칠 까닭이 없도다.

사랑하는 이들이여!

나는 목회자로 살면서 목회를 위한 목회, 교회를 위한 목회를 하지 않고, 우리 모두의 한 사람 한 사람 속에, 그리고 우리 가운데 하느님의 나라가 이루어지기를 소망하며 목회를 하였으니 여러분들이 앞으로도 계속하여 하느님의 나라를 이루기를 바라며 우리 모두가 영원한 생명 안에서 어우러질 수 있으리라 확신하노라.

예수의 도에 입문한 지 스물여덟 번째 되는 해 봄
(2004. 2. 25)
사순절 첫 날에,

허이(만득이) 전 생 수 씀

촌에 사는 반쪽 목사의 목회 이야기

"나는 반쪽 목사입니다"

나는 다른 교회에서는 성찬과 세례를 베풀 수 없고, 내가 목회하고 있는 교회에서만 성찬과 세례를 베풀 수 있는 목사입니다. 「교리와 장정」이 그렇게 못 박아 놓았습니다. 그래서 친구들이나 후배 목회자들에게 "나는 반쪽 목사"라고 말합니다. 그렇다고 '반쪽 목사'라는 말에 자조(自嘲)가 섞여 있거나, 나 스스로를 업신여기듯이 하는 말은 아닙니다. 반대로 협동회원이지만 남만큼 알 것은 안다는 따위의 당당함 때문도 아닙니다.

사실 나는 서리니 준회원이니 정회원이니 협동회원이니 하는 따위에는 아무 관심이 없습니다. 물론 그것이 어떤 과정을 위해서나 또는 조직과 제도 속에서 아무래도 무슨 규정이 있어야 하겠기에 이런 저런 이름을 편의상 붙여 놓은 것이라면 뭐라고 할 말이 있겠습니까만, 지금처럼 그것이 하나의 '계급'처럼 여겨지는 풍토에서는 그런 이름에 관심도 없습니다. 단지 강단에서 설교를 할 수 있고, 교회에서 성도들을 돌보며 살 수 있고, 한 사람의 그리스도인으로서 진리를 좇는 사람들 속에 있다는 것이 만족스럽고 소중할 뿐입니다.

또 그렇다고 해서 그것을 거부하거나 부정하고 싶은 마음도 없습니다. 나는 '반쪽 목사'가 되려고 해서 된 것도 아니고, '반쪽 목사'라도 돼야 하겠다고 생각해서 된 것도 아닙니다. 신학교 문턱에 못 들어가 본 것도 아닌 내가 – 그것도 두 곳의 문턱을 드나들었으면서 – 왜

학교라는 과정을 마치지 못하고 목회를 해서 '협동회원'이 되었는지, 어떤 사연이 없는 것은 아니지만, 나도 확실히 모르는 문제입니다. 그저 알기 쉽게 말하자면, 어떻게 하다 보니 그렇게 된 것입니다. 그러니 「교리와 장정」에 있는 '협동회원'이라는 네 글자도 나와 무슨 연(緣)이 있어 내게 붙여졌을 터인즉, 그 속에 어떤 의미가 있든 없든 상관없이 그저 끌어안고 살 뿐입니다.

"세상만사 새옹지마"(世上萬事 塞翁之馬)라는 말처럼, 사람살이에 절대선(絶對善)이라는 것과 절대악(絶對惡)이 있을 수 있는지 알 수 없습니다마는, 삶이 어디 좋은 것만 누리며 살 수 있겠습니까? 바울 사도의 몸에 찌르는 가시 같은 병도 그에게 족한 은혜였던 것처럼, 나의 모자람이나 연약함이나 부끄러움이나 병통 같은 것도 그저 껴안고 사는 멋이 있으리라 여겨집니다. 지붕 위에 누렇게 익은 호박이 어찌 밝은 햇살과 맑은 공기와 깨끗한 물만 먹고 자랐겠습니까? 냄새나는 거름 구덩이에 뿌리를 내리고 때로는 먹장구름 아래서 몰아치는 비바람을 맞기도 하지 않았습니까? 그렇게 해서 가을에 마침내 황금빛 열매를 맺은 것이라면, "모든 것이 합력하여 선을 이룬다"는 말날줄처럼 엉키고 짜여져서 하나의 멋들어진 삶을 만들어낸다는 뜻은 아니겠는지요. 그렇지만 우리는 거기서 무엇이 우리의 삶을 아름답게 만드는 데 도움이 되었는지를 가려낼 수는 없습니다. 만약 그것을 가려낼 수 있다면, 그제서 우리는 이게 선이니 저게 악이니 말할 수 있을 것입니다. 그러나 그게 가능한 일인지요. 왜냐하면 우리의 삶에는 우리가 판단할 수 없는 어떤 비밀이 감추어져 있기 때문입니다.

나를 보며

한 번 쓰고 버릴 것을 위한 수고

지금 교회(추평교회)로 와서 목회를 하기 시작한 것은 1995년 1월 3일부터입니다. 그러니까 거의 2년이 되어 가고 있습니다. 추운 겨울에 이사를 하는 것도 그렇거니와, 새해가 시작된 지 이틀 만에 이사를 하는 것이 심정적으로 느긋하지만은 않았습니다. 대개의 교역자 이동이 그런 것처럼, 나 역시 갑작스럽게 이삿짐을 싸야 했고, 14년을 넘게 목회하던 지방을 떠나는 마음도 가볍지 않았습니다.

이삿짐을 싸기 위해 가까운 슈퍼마켓을 돌며 빈 상자를 모았습니다. 그것도 쉬운 일이 아니었습니다. 마침 1995년 1월 1일부터 쓰레기 종량제를 시작하는지라 모두들 1월 1일이 되기 전에 버렸다는 것입니다. 별 수 없이 한 가게에서 한두 개씩 얻으면서 이곳저곳 돌아다녔습니다. 그러자니 빈 상자 몇 개를 메고 돌아다니는 것도 쉽지 않았습니다. 빈 상자 무게도 그렇거니와 상자의 크기가 똑같지 않은 것들이라서 두 손으로 어깨에 얹은 상자를 붙들고 몇 발자국 걷다 보면 작은 상자가 어느새 주르륵 흘러 땅바닥에 떨어집니다. 그 가운데 귤을 담던 상자는 두껍고 무겁고, 크기도 라면상자나 과자상자와는 달라서 유별나게 잘 빠졌습니다. 상자가 땅바닥에 떨어지면 길가 언저리에 내려놓고 가지런히 한 다음 다시 메기를 몇 번씩이나 거듭하다 보니 슬며시 짜증이 났습니다. 화도 식히고 땀도 식힐 겸 빈 상자를 땅바닥에 던져 놓고 그 위에 털썩 주저앉았습니다.

'도대체 한 번 쓰고 버릴 것을 얻느라 이 고생을 해야 한담!'

빈 상자에 주저앉아 혼자 중얼거리는데, 벼락같은 소리가 들렸습니다.

"이놈아, 한 번 쓰고 버릴 것을 얻느라 이 고생하면서, 네게서 없어지지 않을 것을 얻기 위해서는 무슨 수고를 했느냐?"

정신이 번쩍 들었습니다. 그렇지요. 정말 그랬습니다. 한 번 쓰고 나서 버릴 것, 있어도 좋고 없어도 좋을 것을 얻느라 별 고생을 다 하면서도 정작 없어지지 않을 그 어떤 것, 영원이랄지 영생이랄지 아니면 진리랄지 도(道)랄지, 하여튼 그 무엇을 얻기 위해서는 아무 수고도 하지 않았습니다.

물론 그게 수고한다고 얻어지는 것이 아닌 줄은 압니다. 그러나 바울 선생이 "나는 그것을 붙들려고 달음질칠 뿐"이라고 한 것처럼, 그것을 얻기 위해 몸부림치는 그 무엇도 없이 거저 얻어지는 것 또한 아니라고 여겨집니다.

빈 상자를 지키려고

겨우 이십여 개를 모아다가 예배실로 올라가는 입구에 쌓아 놓고 보니 아무래도 모자랄 것 같았습니다. 다시 이곳저곳을 돌며 몇 개 더 모아서 어깨에 메고 돌아와 보니, 예배실 입구에 놓아두었던 빈 상자가 하나도 없이 사라졌습니다. 마침 길에서 우리 아이들이 놀고 있기에 물어 보았더니, 아이들은 태연하게 고물장사가 다 가져갔다고 대답했습니다. 아이들이 나를 생각해서 예배실로 옮겨 놓고 일부러 그러는 줄로 여기며 예배실로 올라가 보니, 정말 하나도 없었습니다. 그만 부아가 치밀고 말았습니다.

"이 녀석들이 아빠가 힘들여 모아다 놓는 것을 보고서도 그것을 가져가는데 가만히 있었다니…"

정말 화가 났습니다. 처음에는 애써 모은 것을 누가 다 가져갔다는 것에 화가 났고, 그 다음에는 아이들이 아빠가 하는 일에 무관심한 것이 화가 났고, 세 번째는 아이들이 왜 그것을 가져가지 못하도록 막지 못했을까 하는 용기 없음에 화가 났습니다. 그래서 식식거리고 있는데, 두 번째 소리가 들렸습니다.

"이놈아, 빈 상자가 뭐 그리 대수로우냐? 너는 애들이 빈 상자를 못 지켰다고 화를 낸다만, 어디 지킬 것이 빈 상자뿐이냐? 그리고 너는 언제 내 일에 그리 대단한 관심을 보인 적이 있느냐? 너는 말로는 내 뜻이 옳다고 동의하면서, 정작 세상의 그릇된 꼴을 보고 '그건 아니오!' 라고 말한 적이 있느냐?"

그렇더군요. 지킬 것이 어디 빈 상자이겠습니까? 잠언에 이런 구절이 있습니다.

"무엇보다도 네 마음을 지켜라. 그것이 바로 복된 삶의 샘이다."

(잠 4:23)

세상 온갖 것에 마음을 빼앗기며 내 일 하기에 분주하게 살아가는 동안 지킬 것을 지키지 못하고, 아버지의 뜻은 뒷전에 두고 살았으니, 이를 어찌하면 좋을지 알 수 없어 속만 상했습니다.

다 버리고 갈 것들을 쌓아두고

살다 보면 번거로운 일이 한둘이 아니겠으나 이삿짐을 싸는 것만큼이나 번거로운 일도 드뭅니다. 살림살이라는 게 쌓아 놓고 살 때는 이 틈 저 틈에 들어가 박혀 있어서 별 것 아닌 것처럼 보여도 이사를 하느라 헤쳐 놓으면 이것도 한 보따리, 저것도 한 보따리가 됩니다. 이곳으로 오는 이사도 예외는 아니었습니다. 정말 볼품없는 살림살이라고 생각했는데, 막상 짐을 꾸려 놓고 보니 4톤 차로 절반이 넘었습니다.

구석구석에서 나온 쓰레기도 적지 않았습니다. 커다란 자루 한 개와 큰 상자 하나를 가득 채울 만큼 많았습니다. 쓰지 못할 것도 있었지만, 대개는 쓸모가 있을 것 같아 모아 놓은 것들이었습니다. 물론 이사할 때 가지고 와서 쓰려고만 한다면 못 쓸 것도 없겠지만, 짐이 된다는 생각에서 버리고 말았습니다. 결국 '쓸데가 있겠지' 하고 모아두었던 것을 쓰지도 못하고 버렸으니, 쓰레기만 잔뜩 보관하고 있었던 셈입니다. 그게 좀 바보 같았구나 하고 생각하는데, 세 번째 소리가 들렸습니다.

"이놈아, 고작 이 쓰레기 가지고 그러느냐? 네겐 이것 말고도 버릴 것이 아직 많아!"

그렇더군요. 언젠가 한 번은 이 세상으로부터 저 어떤 곳으로 이사를 해야 하는데, 그때는 정말 아무런 짐 보따리가 필요 없는 이사가 될 것입니다. 그때 다 내 놓고 갈 '쓰레기 같은 것'들을 잔뜩 쌓아 놓고 산다는 것은 어리석기 짝이 없는 노릇입니다. 필요 없는 짐을 가지고 내가 넘어온 대관령 구비 같은 인생길에서 허덕일 이유가 없지 않겠습니까? 아직도 내 삶의 틈새에는 이런 저런 것들이 보이지 않게 꼭꼭 박혀 있을 것입니다. 그것을 찾아내서 하나씩 하나씩 일찌감치 내버리는 게 삶의 한 지혜일 텐데 그렇게 하지 못하니, 나는 참 어리석은 사람입니다.

사람을 보며

　사람이 가장 편안함을 맛볼 수 있는 자리가 있다면, 그것은 품일 것입니다. 어린 아기가 엄마 품에 안겨 쌔근쌔근 잠을 자는 것을 보면 그렇습니다. 그런 면에서 본다면, 하느님은 모든 피조물을 안고 계신 큰 품이라고 할 수 있겠습니다. 우리는 그 품속에서 영혼의 쉼을 얻으며 마음의 평화를 누리고 기쁨과 즐거움을 누리며 살아갑니다.

　그런 면에서 생각하자면, 자연 또한 하나의 품입니다. 내가 사는 촌은 아직 그런 대로 품을 느낄 수 있는 곳입니다. 작은 도시를 떠나 이곳에 왔을 때, 나는 마치 깊고 고요한 품에 안긴 것 같은 느낌을 받았습니다. 그리고 그 품에서 2년 가까이 즐겁게 살고 있습니다. 그러고 보면 품은 생명을 내는 자리이기도 하며, 생명을 가꾸는 자리이기도 합니다. 그리고 그 품에서 사는 사람들의 모습은 따뜻합니다.

평생을 흙과 함께 살아온 손길

　지난해 이른 봄, 이제 막 파릇한 싹이 돋아날 무렵입니다. 아침 산책길을 돌아오는데, 비가 올 때만 물이 흐르는, 그래서 언 땅이 풀려 습기만 촉촉하게 번져 있는 작은 도랑에서 연세 드신 집사님 한 분이

미나리를 뜯고 계셨습니다.

 습한 땅에서 돌보는 사람이 없어도 잘도 자라는 돌미나리 햇순은 연하고 그 향기와 맛이 좋아서 반찬거리로도 인기가 있지만, 성인병 치료에 뛰어난 효능이 있어서 사람들이 잘 산다고 합니다.

 도랑가에 쪼그리고 앉아 작은 칼끝으로 실낱같이 가는 줄기에 막 피어난 이파리에 몇 개씩 달린 미나리 햇순을 잘라 손바닥 두 개만 한 넓이의 그릇에 담는 집사님의 손길은 조용하면서도 부지런했습니다. 집사님은 이틀이고 사흘이고 그렇게 미나리를 뜯어, 맑은 물에 깨끗이 씻어서 충주 장날 가지고 나가, 시장 거리나 어느 길가에 앉아 팔 것입니다. 그릇에 수북이 담아 천 원. 집사님은 그렇게 모아서 속회 헌금도 하고 주정 헌금도 하시는가 봅니다. 그 수고와 정성을 생각하면 돈 천 원의 가치가 그렇게 크고 소중할 수 없습니다. 그건 만 원, 십만 원을 대수롭지 않게 여기는 사람들의 헌금보다 더 크고 귀한 헌금입니다.

 도랑가에 서서 집사님의 손놀림을 물끄러미 내려다보고 있는데, 집사님이 혼잣말로 중얼거리는 소리가 들렸습니다.

 "사람은 이불을 뒤집어쓰고 방에 있으면서도 춥다, 춥다 했는데, 언 땅 속에서 어떻게 있다가 이렇게 나오는지…"

 언 땅! 차디찬 땅이건만, 땅은 생명을 품고 있다가 철이 되면 어김없이 생명을 살려내는 힘이 있었습니다. 그리고 평생을 흙과 함께 살아온 집사님은 땅이 생명의 품임을 터득하고 계셨던 것 같습니다.

마른 나뭇가지를 줍는 노인

　이곳에서 태어나 자라고, 이곳에서 결혼하여 이날까지 사시면서 40년 넘는 교회 역사와 함께 살아오신 권사님이 계십니다. 70세를 훌쩍 넘긴 나이지만, 아직 집안의 소소한 일을 돌보기에 분주하신 권사님이 한 발쯤 되는 줄과 작은 톱을 들고 예배실 옆 도랑가로 들어가서 마른 나뭇가지를 주우셨습니다. 소여물을 데우는 군불을 지피려는 것입니다. 뒷산에 가면 나무가 지천으로 널려 있지만, 힘이 없어 가지고 올 수 없었다시며 부지런히 나뭇가지를 모으셨습니다. 권사님의 얼굴에는 그 좋은 나무들을 가져올 수 없는 아쉬운 마음이 그대로 나타나 있었습니다.

　불과 십 몇 년 전만 해도 촌에서는 나무가 중요한 땔감이었습니다. 겨울을 나려면 많은 나무가 필요하기에 이웃들이 돌아가며 겨울 땔감을 마련하여 마당가에 그득히 쌓아 놓곤 하였습니다. 어쩌다가 미처 땔감을 넉넉히 마련해 놓지 못했는데, 큰 눈이라도 올라치면 그것도 여간 큰 걱정거리가 아니었습니다. 그래서 게으른 남편과 함께 사는 아낙이라도 있으면, 그는 쌀 많은 것 못지않게 나무 더미 큼직이 쌓여 있는 것을 부러워하기도 했습니다. 권사님은 그렇게 소중했던 마른나무가 천덕꾸러기가 된 것이 안돼 보였던 모양입니다.

　땔감으로 쓰는 나무는 대개 잡목으로 불리는 나무들이고, 그런 나무들은 잘린 그루터기에서 새순을 내며 다시 자라납니다. 그러면 그것을 또 잘라 쓰곤 하였습니다. 나무를 땔감으로 쓰고 나면 그 재는 거름이 되어 곡식을 키우고, 곡식은 재를 먹고 자라 사람들의 먹을거리가 됩니다. 말하자면 생명의 순환이 이루어지는 셈입니다.

그러나 이제는 촌에도 그런 원시적(?)인 방법은 사라졌습니다. 집집마다 농가를 고쳐서 입식(立式)으로 바꾸었고, 연탄보일러 시대를 잠깐 거쳐 거의 모든 집이 기름보일러를 사용하고 있습니다. 자연히 생명의 순환은 멈췄고, 나무는 나무대로 자라고 곡식은 곡식대로 금비(金肥)만 먹고 자랄 뿐입니다. 땅은 땅대로 부드러움을 잃고 거칠어졌습니다.

생명의 순환이 멈춰진 시대는, 우리에게 잘 알려진 제레미 리프킨이 말한 '엔트로피 법칙'이 지배하는 시대입니다. 그는 열역학 제1법칙에서 우주의 물질과 에너지 총량은 일정하기 때문에 생성되거나 소멸될 수 없고 오직 그 형태만 바뀌며, 제2법칙에서는 물질과 에너지는 한 방향으로만 바뀔 수 있다고 합니다. 쓸 수 있는 형태에서 쓸 수 없는 형태로, 얻을 수 있는 형태에서 얻을 수 없는 형태로, 질서의 상태에서 무질서의 상태로 바뀐다는 것입니다.

지금 우리는 보편적인 에너지원을 원유에 의존하고 있는데, 전 세계의 땅 속에 묻혀 있는 원유가 몇 세대까지 가지 못하리란 전망은 거의 모든 사람들이 알고 있는 사실입니다. 사람들이 원유를 파내서 쓰고 나면 그 자리에서 또다시 원유가 생겨나지는 않습니다. 그리고 한번 사용한 원유는 쓸 수 없는 찌꺼기들만 남겨 놓습니다.

사람들은 더욱 편리한 방법을 찾고 그러면 그럴수록 자원의 소비도 정비례할 것입니다. 그리고 물질과 에너지의 질서가 무질서의 상태로 바뀌는 정도가 극에 이를 즈음, 인간이 몸 붙여 살아갈 자연 환경도, 삶의 방식도 무질서의 수렁으로 곤두박질칠지도 모릅니다. 그러나 우리는 미련스럽게도 그 이후의 시대에 대해서는 별로 걱정을 하지 않고 삽니다.

"그때는 그때대로 사는 방법이 어떻게 생기겠지!"

어느 새 권사님은 도랑가에서 마른나무를 한 아름 묶어 머리에 이고 천천히 올라가십니다. 군불을 지필 나무를 이고 나지막하게 경사진 길을 올라가시는 권사님은 자신도 모르는 사이에 나무를 때던 옛날의 추억으로 엔트로피 법칙이 지배하는 오늘을 거부하시는 것인지도 모릅니다.

천신(薦新)

천신(薦新)이라는 말을 아시는지요?

화학 비료나 농약이 없던 시절, 외양간에서 나온 거름이나 뒷간에서 나온 거름, 나무를 때고 난 다음에 모아 놓은 재, 그리고 여름에 틈틈이 생풀을 베어 만든 퇴비 따위로 농사를 짓던 시절에는 아무리 농사가 잘 되어도 요즈음 화학 비료를 뿌려 대고 짓는 농사보다는 소출이 훨씬 떨어졌습니다. 옛 농부들은 그렇게 애써서 농사지은 열매들을 까막까치나 들짐승이나 쥐나 두더지들에게 빼앗기지 않으려는 마음과, 모처럼 열린 열매들이 단단하게 잘 여물기를 바라는 마음과, 어려운 보릿고개를 넘기고 먹을 것을 얻게 된 것에 대하여 감사드리는 마음으로 '이름 모르는 신'에게 정성을 바쳤는데, 이 일종의 민족

신앙 같은 것이 천신(薦新)입니다.

묵은 먹을거리가 떨어져 이런 저런 거친 것으로 배를 채우며 버티다가, 봄을 넘기고 하지 무렵 햇감자를 캐서 먹을 때나, 여름철 풋옥수수를 먹을거리로 처음 준비할 때면, 할머니나 어머니는 넓적한 그릇에 잘 익은 감자나 옥수수를 담아 밭에 다녀오라고 하셨고, 나는 어김없이 그 그릇을 받아 들고 밭에 나가 싱싱한 곡식들이 자라는 밭고랑에 갖다 놓고 잠시 있다가 가지고 돌아오곤 했습니다. 나이가 어렸을 때는 그릇을 밭에 갖다 놓았다가 곧 집으로 왔지만, 여남은 살 넘어서는 밭에 갔다 집에 돌아오는 시간이 그리 길지도 않으련만 그 사이를 참기가 쉽지 않아서 밭에 갖다 놓자마자 신이 맛볼 사이도 없이 먼저 먹기도 하였습니다.

몇 살 때쯤인지 잘 기억이 나지 않습니다만, 한번은 슬슬 몸살 기운이 도는데, 어머니가 옥수수가 가득 담긴 큰 그릇을 주시면서 밭에 갔다 오라는 것이었습니다. 귀찮은 생각이 들어 도대체 왜 그렇게 해야 하는 것이냐고 불만을 늘어놓았더니 옆에 계시던 할머니께서, "그렇게 해야 농사가 잘 된다. 신령이 돌봐서 까마귀도 날아들지 않고…" 하시는 것이었습니다.

마지못해 그릇을 받아 들고, 마당에 나서긴 했지만, 신은 무슨 신이냐는 반항으로 밭으로 나가는 길 숲에 앉아 칙칙한 어둠 속에서 모두 먹어 치우고는 곧장 집으로 돌아왔으니, 그 해의 천신은 내가 받은 모양이 되었고, 그 해에 농사가 잘 되었는지 어떤지는 기억에 없습니다. 어떻든 나는 어려서부터 농사를 지으면 첫 열매를 신에게 드리는 사람들의 정성을 보면서 자랐습니다.

　화학 비료와 살충제와 제초제뿐만 아니라 이제는 유전 공학을 이용하여 옛적보다 엄청난 수확을 거두고, 생태계의 변화로 날짐승이나 산짐승이나 들짐승의 피해도 그리 심하지 않은 요즘, 모든 것은 과학의 힘과 기계의 힘에 의해 결정된다고 생각하는 요즘 사람들에게 그런 정성과 감사를 찾기가 힘든 것 같습니다. 인간의 기술이 제 아무리 발전하고 발달했다 할지라도 농사만큼은 아직 하늘의 도움 없이는 제대로 지을 수 없는 법이거늘, 인간 이상의 존재에 대한 감사를 잃은 사람들은 신이 차지할 몫까지도 자기 것으로 삼고 살아가니, 그만큼 욕심보가 커졌다고 보는 것이 옳을 듯싶습니다.

　그래도 아직 촌 교회에는 첫 열매로 감사드리는 정성이 남아 있습니다. 가끔 예배실 강단 앞에 감자 상자나 고추 포대, 포도나 사과 상자가 놓여 있는 것을 보게 됩니다. 하느님께 드리는 첫 열매입니다. 지난해 추수 감사 절기에 강단 앞에 커다란 나무를 베어다 세워 놓고 감사절 장식을 하였습니다. 교우들은 나무 가지가지마다 옥수수, 감, 호박, 포도, 조, 수수 등 곡식 이삭과 열매들을 가져다가 주렁주렁 매달아 놓았습니다. 값비싼 물건으로 장식한 어느 것보다 좋았습니다. 올해도 역시 나무를 구해서 세워 놓을 작정입니다. 그러면 거기에는 천신하는 마음이 담긴 갖가지 열매들이 매달려 열매가 있게 하신 하느님을 향한 감사의 마음을 나타낼 것입니다. 아직도 촌에는 옛적 '이름 모르는 신'에게 천신하던 아름다운 마음을 지닌 사람들이 살고 있어 촌 교회가 더욱 아름다운가 봅니다.

내가 사는 촌마을을 보며

신랑 신부 없는 결혼잔치

마을에 결혼이나 회갑 같은 잔칫집이 있으면, 마을회관 스피커에서 우렁찬 소리가 들립니다.
"추평리 주민 여러분께 알립니다. 오늘 아무개 씨네 집에 여러분들을 위해 점심이 마련되어 있으니, 모두 참석해 주시기 바랍니다."
잔치 하루 전날이면 마을 아낙들이 모두 잔칫집에 모여 잔치 음식을 만들고, 잔칫집에서는 아낙들이 집에서 준비하지 못한 점심을 대신 마을 사람들에게 대접합니다.
논밭에 나가 일을 하던 마을 남정네들은 방송을 듣고는 잔칫집에 모여 '좋은 안주'에 소주 한 잔을 곁들여 푸짐한 점심으로 배도 채우고 마음도 채우는 관습은 예전부터 있어 온 촌마을의 정겨운 모습입니다. 그러나 지금은 정겹지만은 않은 것 같습니다. 잔치는 있어도 신랑, 신부는 없으니까요.
우리 마을 청년회는 30대 후반에서 40대 초반까지의 남자들이 모입니다. 시집가고 장가들만한 나이의 청년은 한 사람도 없고 아직 결혼을 하지 않은 총각이라야 봉호 씨밖에 없는데, 그도 말이 총각이지, 나이는 벌써 사십 줄에 가깝습니다. 그러니 청년회라기보다는 장년회라 부르는 것이 옳을 듯합니다.

도시에 나가 사는 청년들은 도시에 나가 살다가 결혼식이 있기 하루나 이틀 전에 와서 제 준비나 하여 결혼식을 치르고 후딱 떠나갑니다. 딸이야 으레 결혼식을 올리면 떠나게 마련이라지만, 아들조차도 결혼식을 올리고 신혼여행을 갔다가 돌아와 처가에 근친(覲親) 다녀오듯이 부모에게 인사하고 떠나면 그만이니, 마을 사람들은 그저 일이나 하고 음식이나 나누고 축의금이나 내는 잔치가 되었습니다.

교육부에서는 젊은이들을 농촌에 붙잡아두려고 농촌에 살면서 읍, 면에 있는 고등학교를 나온 학생들이 대학에 특례 입학하도록 하는 묘수를 찾았습니다. 그러나 그게 별 효과가 없을 것은 뻔합니다. 모르겠습니다. 도시에 사는 어떤 사람이 지지리 공부 못하는 자식을 대학에 입학이나 시키려고 도시 가까운 우리 마을 같은 곳으로 이사를 하든지 위장 전입이라도 할는지는(그 법에 농사꾼의 자식만 해당한다는 조항은 없는 모양이니).

그러나 사람들이 농촌에 살도록 하려면, 그런 따위의 달콤한 부스러기 몇 조각 가지고는 안 됩니다. 촌에 있는 초등학교를 일 년에 몇십 개씩 없애면서 '대입 특례' 따위로 사람들이 농촌에 머물러 살거나 도시에서 돌아오리라고 생각한다면, 그것은 잘못된 계산입니다. 정말 사람들이 농촌에서 살도록 하려면, 그런 짓은 그만두고 농촌을 사람 살 만한 곳으로 만들어야 할 일입니다. 농촌에 들어와 살려는 사람들이 쉽게 땅을 마련할 수 있도록 해야 할 것이고, 애써 농사지은 것을 제 값 받도록 해야 할 것이고, 대기업에 주는 금융 혜택 못지않게 농어민을 지원해야 할 것이며, 공산품 수출량을 계산하는 것처럼 한 해 한 해의 작황과 수요를 계산하여 적절하게 작목(作木)을 선택하도록 정보를 제공해 주어 과잉 생산이 되지 않도록 해야 할 것입니다. 그렇게 해 준다 해도 문화적 혜택이 어쩌니 저쩌니 하면서 촌에서 살지 말지 한데, 농어촌에 대한 그런 정책은 없고, 온갖 농산물이 정부의 정책에 의해 외국에서 버젓이 들어오는 마당에 아이들 대학에나 보내려고 누가 농촌에 와서 살려 하겠습니까?

이제는 아랫마을 누이와 윗마을 오라비(이웃사촌)가 눈이 맞아 연애한다는 소문이 나돌아도 좋고, 시골 예배당이 연애당이라는 손가락질을 받아도 좋습니다. 시집가고 장가들 처녀 총각이 있는 농촌이 그립습니다.

그래서 도시의 으리번쩍한 예식장에서 30여 분만에 후딱 식을 끝낸 자식들이 신혼여행을 떠난 뒤 늙은 부모들은 황망히 잔치 손님이나 떠맡아야 하는 그런 결혼식이 아닌, 짓궂은 친구들에게 잿봉지 맞는 신랑, 얼굴 빨개진 신부가 초례청에서 맞절하는 잔치, 인사치레로 축의금이나 전하고 음식 한 끼 먹고 마는 잔치가 아니라, 온 마을 사람들이 새 사람 맞이를 기뻐하며 경사로 여기는 잔치가 벌어지는 그런 날이 그립습니다.

죽어서야 돌아오는 고향

재작년 언제쯤인가 '그 섬에 가고 싶다' 는 영화를 보았습니다. 공간으로는 남쪽에 있는 어떤 섬을, 시간으로는 6·25 전쟁이 일어났던 때를 배경으로 만들어진 영화였습니다. 관객도 꽤 모았던 것으로 기억되는 이 영화는 동족상잔이 가져다 준 비극적인 고통을 그린 것이기도 하지만, 섬사람들에게 원한을 사서 쫓겨난 사람이 죽어서 고향으로 돌아와 마을 사람들과 화해를 이루는 것이 이 영화의 멋진 내용이었다고 생각합니다.

가끔 우리 마을에도 외지에서 들어오는 장례 행렬을 볼 수 있습니다. 서울이나 경기도나 또 다른 도시에서 오는 장례 행렬입니다. 얼마 전에도 경기도 번호판을 단 장의차와 함께 20여 대도 넘을 승용차가 윗마을로 올라갔습니다.

길가에서 마을 사람들과 이야기를 나누고 있는 이웃집 아저씨에게, "고향을 떠났다가 모두 죽어서야 돌아오는 모양이지요?" 하고 물으니, "웬걸요, 그렇지도 않아요. 서울 사람들이 땅으로 사 놓고 있다가 장사지내는 사람들도 많아요." 하셨습니다.

상큼하지 못한 생각이 꼬리를 물었습니다.

'촌은 편한데서 살다가 죽으면 돌아와 묻히는 곳인가? 촌은 돈 많은 사람들이 자기네가 필요한 땅을 값비싸게 주고 사서 별장을 지어 놓고 가끔씩 와서 쉬고 가는 곳인가? 그러다가 죽으면 와서 묻히면서 내가 내 땅에 묻히는데 무슨 잘못이냐는 듯 당당하게 백차(?) 타고 들어오는 곳인가?

'그 섬에 가고 싶다'의 세상에서는 그렇지 않았습니다. 섬사람들에게 못할 짓을 하고 쫓겨나 서울에서 돈을 많이 벌어 부자가 된 사람이 '그 섬'에 땅을 사 놓았다가 죽어서 고향에 돌아가 묻히려 하였지만, 섬사람들은 누구 하나 그의 주검이 '그 섬'에 들어오는 것을 허락하지 않았습니다(물론 나중에는 화해가 이루어지지만).

물론 촌에 사는 사람들이 촌에 묻히러 오는 사람들과 무슨 철천지원수를 맺은 것도 아님은 말할 것도 없고, 그 영화에서처럼 촌에 묻히러 오는 사람들을 거절할 명분도 없고, 죽어서라도 내 고향에 묻히길 희망하는 망자(亡者)와 그 자손들, 그리고 '내 돈 주고 산 내 땅'에 묻히길 희망하는 망자(亡者)와 그 자손들을 밉살스럽게 생각할 이유 또한 없습니다.

그러나 이런 생각을 떨칠 수 없습니다.

'이 땅은 죽은 자들이 묻히는 땅이 아니라, 숨이 있는 사람들이 살고 있는 땅이다. 죽어 돌아오지 말고 살아 있을 때 돌아오라.'

기업 농장 육성책 유감

우리 땅에는 도시나 농촌이나 할 것 없이 골골마다 아름다운 전설, 슬픈 전설 혹은 역사적인 근거나 지리적인 특징이 담긴 독특한 유래(由來)가 있고, 대개는 이런 유래에 따라 마을 이름이 붙여졌습니다.

추평리의 중심 마을인 탑평마을에도 이런 유래가 있어 마을 입구에 비석을 세우고 전해져 오는 이야기를 적어 놓았습니다.

우리 마을 탑평은 옛날(고려)에 세워진 삼층 석탑이 있어서 붙여진 이름이다. 중앙의 넓은 바위와 동쪽의 삼성(三省 : 어떤 성인(?)이 지나가다가 마을을 세 번 살펴보았다 해서 생긴 말-필자 주)과 서쪽의 명지동을 합하여 현재의 이름으로 불리게 되었다. 신비의 전설을 지닌 시루봉의 정기를 받아 역사와 전통을 자랑하는 고장이다.… 명지에는 맑은 샘이 있어서 간이 상수도를 설치하여 넉넉하게 쓰고 있는데, 수질이 좋기로 소문이 나 있다.…

마을 입구마다 비석을 세우고 이런 글을 적어 놓은 것은 그 마을마다의 전통과 역사를 후세에 전하고자 하는 뜻일 것입니다. 그러나 산업화와 농촌의 피폐로 많은 사람들이 도시로 떠나고 소수의 남은 자들이 지키는 촌마을 입구에 있는 이런 비석들은 '이곳에는 아직도 사람이 살고 있다' 고 말하기 위해 서 있는 것처럼 느껴집니다.

지난해 5월 25일자 어떤 신문에 실린 기사를 베껴 놓은 것이 있습니다. 머리글은 "농촌 공동체 민자 유치 만든다"였고, "재벌 등 참여, 최고급 농산물 생산"이 기사의 뼈대였습니다. 신문에 실린 내용에 따르면, "농림수산부 관계자는 24일 '농어촌 발전에 기업의 참여를 촉진, 농어촌 자립을 지원하고 농촌의 세계화를 지향한다' 는 목표로 '세계촌 구상' 을 추진하고 있다고 밝혔다"는 것이었습니다. 이 세계촌 구상은 기업 농장이 들어서는 마을을 그 기업의 이름을 붙이는 방안까지 제시하고 있답니다.

이런 정책이 발표된 뒤 일 년이 지난 지금 그 정책이 진행되고 있는지도 알 수 없고, 앞으로 이루어질지 어떨지도 모르는 문제이긴 하지만, 아무튼 이런 식으로는 '농촌 공동체'는 말할 것도 없고 농어촌이 발전될 리 없는 것이 사실입니다.

이런 정책 이전에 정부는 기업농 육성이라는 정책을 펴 왔습니다. 소규모 영농을 대규모 영농으로 바꾸고 재래식 영농에서 기계식 영농으로 전환하는 정책입니다. 그리고 그 뒤 농촌은 빠르게 해체되었습니다.

얼마 전 한국농촌경제연구원이 '21세기 농업, 농촌의 좌표와 정책 과제'라는 주제로 공청회를 열었는데, 거기서 밝힌 내용을 보면, 1985년에서 1990년 사이에 농촌 인구 58만 1천 명이, 1990년에서 1995년 사이에 30만 6천 명이 감소되었다고 하였습니다. 1995년 현재 농가 가구 수는 167만 가구에 농가 인구는 521만 명인데, 그 가운데 25.9%가 60세 이상의 고령자라고 합니다.

앞으로 농촌의 변화를 예상하는데, 2020년까지 농가 가구 50만, 농가 인구 166만 명, 농경지 면적은 1995년 현재의 198만 헥타르에서 164만 헥타르로 줄어들 것이라고 합니다.

토지 면적이나 노동력이 생산성에서 기계 영농과 경쟁할 수 없는 사람들은 더 이상 농사를 지을 수 없어 도시로 떠나 일용 근로자가 되었고, 도시 빈민이 되었습니다. 그리고 이런 이농 빈민들은 도시에서 이리 몰리고 저리 몰리면서 삶의 터전을 제대로 가꾸지 못한 채 살고 있다는 사실을 우리는 잘 알고 있습니다. 이제 거기다 대기업들이 참여하도록 하겠다는 것입니다. 그렇게 된다면 이제 더 많은 농민들이 고향을 등지게 될 터이요, 농촌의 땅은 사람이 사는 땅이 아니라 물건을 생산해내는 공장과 같은 역할을 할 뿐일 것입니다. 그리고 정책자들이 생각한 '농촌 공동체'는 어쩌면 대기업 농장의 '머슴들' 집단 외에는 아무것도 아니리라는 생각이 앞섭니다.

아무리 생각해 보아도 대기업들이 농사짓는 일과 고기잡이에 참여하는 것이 농어촌이 자립하고 발전할 수 있는 길이라고 생각한 '발상'은 참으로 어처구니없는 일입니다. 지금까지 기업 운영의 이익이 누구에게 돌아갔는지를 따져본다면, 대기업들의 농어업 참여로 생기는 이윤이 어디로 돌아갈 것인지도 분명한 일입니다.

먹고살기 위해 사람들이 모여든 곳이 도시라면, 촌은 살기 힘들어 떠나간 사람들의 몫까지 짊어진 사람들이 있음으로써 '사람 사는 곳'으로 남아 있는 곳입니다. 그런 곳에 조상 대대로 내려오는 얼이 서려 있는 마을 이름을 '삼성 마을,' '현대 마을,' '코오롱 마을,' '대우 마을' 따위의 이름으로 바꿔 붙이고, 버려지는 땅을 등허리 휘도록 지키는 사람들을 대기업 농장의 머슴으로 만들 작정인지 답답한 노릇입니다.

농촌의 발전은 대기업들의 딱지를 붙인 농기계나 왕왕거리며 많은 수확을 거둬들이는 데 있지 않습니다. 농촌의 진정한 발전은 농부들이 신명나게 농사를 짓도록 하는 데서 시작된다고 생각합니다. 골짝 골짝마다 버려진 땅이 다시 귀한 열매를 내도록 하고, 그렇게 되자면 도시에 나가 일용 근로자로 살아가는 중년들과 서비스 산업으로 흘러들어 간 그들의 아들딸들이 고향으로 돌아와 농사를 짓도록 하는 데 있습니다. 그것이 버려진 땅을 살리고, 마을을 살리고, 사람을 살리는 길이라고 여겨집니다.

농촌은 물건을 만들어내는 곳이 아닙니다. 땅은 곡식을 만들어내는 공장이 아닙니다. 농촌은 사람이 사는 곳이고, 땅은 사람들이 사는 삶의 터전입니다.

추평리 논 한가운데 나란히 서 있는 형제나무(산머리들머리 카페에서)

맑은 샘물 한 모금

지닌 것이 없어도 가난하지 않다

들풀 줄기 하나도
하찮게 여기지 마십시오.
녀석들은 햇살을 받으면
잔잔한 물결처럼 반짝입니다.
'너희는 세상의 빛' 이라 하셨지만
빛은커녕 어둠의 자식들이 된 것을
으스러진 들풀 앞에서
할말이 없습니다.

* 전생수 목사는 2000년 1월부터 2005년 10월까지 추평교회 주보 '맑은 샘물 한 모금' 란에 매주 빠짐없이 자신의 시(詩)를 담았으며, 그림을 그려 넣기도 하였다.

우리는

우리는 이 겨울에도
결코 춥지 않다
보라,
이렇게 들판에
햇살 가득하지 않은가?

우리는 어떤 위협에도
결코 두렵지 않다
보라,
이렇게 어두운 밤에
별빛, 달빛 가득하지 않은가?

우리는 홀로 있어도
결코 외롭지 않다
보라,
이렇게 쉬지 않고 바람이 찾아와
동무하지 않는가?

우리는 지닌 것이 없어도
결코 가난하지 않다
보라,
이 모든 것의 주인이신 분이
늘 우리와 함께 하시지 않는가?

5월

계절은 바뀌어도
꽃은 계속 피어납니다.
봄맞이꽃, 별바람꽃은 아직 피어 있고
은방울꽃도 수줍게 고개를 숙였습니다.
작약꽃, 찔레꽃도 곧 피울 준비를 하며
야무진 망울을 맺었습니다.

해맑은 꽃송이 속에
하느님이 계십니다.
꽃송이처럼 해맑은
아이들의 웃음 속에
하느님의 나라가 있습니다.

돌아갑시다.
누덕누덕 덧붙인
온갖 허울을 벗어 던지고
5월 맑은 얼굴
환한 웃음으로 돌아갑시다.

빨간 여름

날씨는 한여름처럼 더운
어떤 날,
녹음 짙은 산허리에서
내가 빨간 산딸기를 따는 시간에
벽제 화장터 화구에선
낯선 땅에서
막노동과 쓴 소주에 지쳐
간경화로 숨진
고향 아저씨가
빨간 불꽃으로 타오르고
있었을 게다.

향기

바람 불면
꽃향기,
바람 타고
더 멀리 날아가지…

그냥!

누가 내게 물었습니다.
"왜 검정 고무신을 신습니까?"
나도 왜 신는지 알 수 없었습니다.
그래서,
"그냥!"
하고 대답했습니다.

* 검정 고무신은 권숙자 권사님이 주신 것입니다.
　권사님이 주셨기에 나는 그냥 신을 뿐입니다.

사람 · 교회

교회, 혼자보다
더 큰 사람이 되는 것!

새벽

맑은 날 새벽
뜰에 서면
아,
코끝으로 스미는
서늘한 공기

달빛, 별빛도 맑아
내 눈에 곱게
쏟아져 내리고

건넛 마을
닭 우는 소리조차
귓가에 날아와 앉아

맑은 날 새벽
뜰에 서면
영혼도 맑아지는

몸살 I

뭐나 된 것처럼
껍적대다가
제가 판 구덩이에 빠져
허우적대는…

몸살 II

쓸데없는
군더더기를
덜어내기 위해
며칠을 온통
신열(身熱)에 시달렸다.

남쪽에서 들려오는
폭우 소식

홍수도
인간이 안겨준 아픔을 털려는
자연의 심한 몸살이려니!

몸 · 사람

몸이 있어 사람이지만
몸이 사람은 아니지…

김장 김치

짠 소금에 절여지고
매운 맛에 버무려져
김치, 잘 익듯이
그대,
삶의 짜고 매운 맛에
푹 익으시게,
얼마나 맛있겠는가?
인생이!

달궈진 아궁이

불에
뜨겁게 달궈진 아궁이에
젖은 나무를 집어 넣었다.
잠시 뒤
나무는 뽀얀 김을 내면서
타고 있었다.
뜨거운 아궁이의 열기가
젖은 나무를 태우는 것이었다.

만약
내 속이 진리로 충만하다면
내 속에 들어와 녹지 않을 것이
없을 터인즉!

그분에게는 은총과 진리가 충만하였다. (요 1:14)

나보다 낫다

"은미야, 난 차 운행할 때 조용했으면 좋겠다…
고독과 고요를 훼방하는 소란은 영혼을 해친다."
왜 이 말 대신
곡(曲)의 이름을 묻지 못하였을까?

나의 말에 조용하던 은미,
한참 지난 뒤 다시
카스테레오의 소리를 높인다.
내 말에 뾰로통하지 않고
저 하고 싶은 대로 하는 은미
나보다 낫다.

기도

아침에 피운 향불,
하늘로 향하는 마음 한 점!

하루를 잘 살기

오늘 일어나는 일로 심각하지 말라.
그것은 삶의 완성을 향한 길에서 겪는 일일 뿐
아직 끝은 아니다.

어제의 일로 오늘 괴로워하지 말고
하루는 하루의 삶으로 마감하라.
오늘은 어제와 다른 새로운 날이다.
어제의 걱정이 오늘 계속 남아 있다 해도
오늘 새로 시작하라.
그러면 그 걱정이
오늘 그대에게 새로운 의미를 줄 것이다.

꽃잎

바람에 꽃잎 진다.
마음 속의 꽃잎,
잘 간직할 일이다.

파리 장례식

끈끈이에 달라붙어 죽은
파리를 쓰레기장에다 화장을 했다.

파리 타는 연기가
모락모락 피어오르는데
건너편 과수원에서 들려오는
조총(弔銃) 소리,
땅! 땅! 팡!!

난,
조총 소리를 들으며
샤워실에 들어가 샤워를 했다.
마치
파리가 달라붙었던 것 같은
끈끈한 무엇을
닦아 내기라도 하듯.

훼방꾼

감나무
밑에 사는
더덕 사이에서
풀을 뽑아 놓았더니
금방 시들어 버렸다.
녀석들은 벌써 잘 어울려 있었는데
그만,
내가 훼방꾼이 되었다.

순명(順命)

나뭇잎이 떨어지는 것도
본디 제 맘 아닌
우주의 움직임!

사는 일이 뜻대로 되지 않는다고
낙담하지 말라.
그대 속에 그대보다 더 큰 숨이
물결치고 있나니
그 숨결 속에 그대 삶을 묻으라!

들풀 줄기 앞에서

경운기나 트랙터에 깔려 부서진
들풀 줄기 하나도
하찮게 여기지 마십시오.
녀석들은 햇살을 받으면
잔잔한 물결처럼 반짝입니다.

'너희는 세상의 빛' 이라 하셨지만
빛은커녕 어둠의 자식들이 된 것을
으스러진 들풀 앞에서
할말이 없습니다.
지금도 빛은 찬란하게 빛나는데
빛이기는커녕 반사(反射)도 못합니다.

길 위에선 오늘도
풀줄기 부스러기들이
한낮의 햇살에 반짝이는데…

언감생심 (언 감을 따먹으며 나온 생각)

모든 것을
소중히 여기십시오.
가꾸지 않은 나무의 열매 하나라도.
아니면 모든 것을
아무것도 아닌 것처럼 여기십시오.
정성들여 가꾸는 과수원의 열매조차도.
사람들이 귀하게 여기지 않으면
새들조차도 귀하게 여기지 않으며
사람들이 귀하게 여기면
새들조차도 귀하게 여깁니다.

세상에 귀하거나 천한 것은 없습니다.
우리들의 필요나 욕심에 따라 그렇게
정하였을 뿐입니다.
그리고 그런 선택에 따라 더
소유하려는 욕망에 세상은 어두워집니다.
모든 것을 소중히 여기거나
아니면
모든 것을 아무것도 아닌 것으로 여기십시오.
그러면 우리네 삶이 한층 밝고 가벼울 것입니다.

한밤중의 명상

지나간 해라고 부르지 말고
아쉽다고 말하지 말라.
새해라고 이름 붙이지 말고
여러 가지 희망을 기대하지 말라.
하나님은 어제도 오늘도 또
내일이라고 부르는 속에서도
언제나 변함 없이 영원하시니
그대,
다만 돌고 도는
자연의 움직임에 그대 삶을 태우고
영원을 꿈꾸며
긴 여행을 준비하라.

그루터기

작은 그루터기여도
새 한 마리는
쉴 수 있는데…

희망

온 마을에
개구리 소리 가득한 초여름 밤
개울 가 풀숲에서
개똥벌레 한 마리
불을 켜고 날아다닌다.
그래!
어둠 속에선
작은 빛이어야 아름답다.

고함

마음에
점 하나 생겨
물결이 일었다.

그 점을 없애면
물결은 저절로 잦아지는 법 ….

수박바, 바람맞다

지난 주일 낮에
성가대 연습이 끝나고
밤밭에서 내린 동호가
수박바가 먹고 싶다기에
여기서 기다리면 돌아오는 길에 사다 준다고 했더니
"진짜요?" 하고 물었다.
진짜라고 대답하고 엄정에 갔다 돌아오는 길에
연흥 슈퍼에서 수박바를 사 가지고 오다 보니
동호가 보이지 않았다.
수박바는 그만
동호에게 바람맞고 말았다.
난,
동호에게 바람맞은 수박바가 가엾어서
아주 잘 먹어 주었다.

시간

한 사람이 말했다.
"오늘은 하는 일이 없으니 무척 지루하네요."

시계판의 숫자에 익숙해진 사람은
누구나 이렇게 말할 것이다.

그러나 지혜 있는 사람은
그렇게 말하지 않는다.
그는
언제 어디서 무엇을 하든
그 자신인 것을 알기 때문이다.
그에게는 시간은 없다.
단지
성(誠)이 있을 뿐이다.

새 떼

새 떼,
하늘로 날아오르더니
금방
하늘을 먹어버리고
가볍게
날았다.

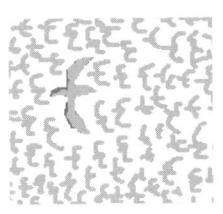

금식

식도를 타고 넘어가는 소리도
항문을 통해 나가는 소리도
잠시 내 몸에서 떠났다.
아직 남은 것은
빈 창자에서 들리는 꼬르륵 소리,
이 소리도 오늘이면 떠나고
이제부터는 내게
씹지 않아도 되고
배설하지 않아도 되는
어떤 신령한 먹거리로 채워지려나?
귀로는 들을 수 없는
우주 속에 가득한 어떤
내밀(內密)한 소리가 들리려나?

어우른 세상

논마다
잘 자란 벼들이
가을빛을 머금고
채 여물지 않은 이삭을 숙였습니다.
나란히 줄을 맞춰 가지런합니다.

사실 벼 이삭은 저마다 다릅니다.
어떤 녀석은 덜 숙였고
어떤 녀석은 더 숙였습니다.
어떤 녀석은 이삭이 길고
어떤 녀석은 짧습니다.
그렇게 서로 다른 녀석들이
가지런하게 보이는 것은
서로 잘 어우러져 있기 때문입니다.

서로 다르지만 잘 어우러지면
사람 사는 세상도 보기 좋을 것입니다.
살아 볼 만하지 않겠느냐는 말씀이올씨다.

구원

관솔에 불을 붙여
아궁이에 넣고
장작을 올려 놓았습니다.

관솔에 붙은 불이
장작에 옮겨 붙어 아궁이는 금방
뜨거운 불꽃으로 가득합니다.

제 몸 살라
더 큰 불꽃으로 피어오르는 것이
바로 구원입니다.

열매

향기 그윽한
매화 피었던 자리에
열매가 달렸다.
가끔
향기는
열매가 되기도 한다.

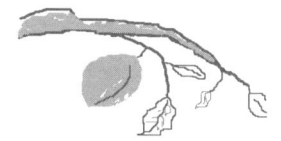

눈부심

도랑마다
하늘의 별들이 쏟아져 내렸나?
누가 보석을 뿌려 놓았나?
길을 걸으며 보고 또 보아도
뭐라고 말할 수 없어
그만 쭈그리고 앉아 한없이 바라본다.
물봉선화
물고마리꽃
빛나지 않아도 아름답구나,
이토록 눈부시구나!

개미

빗방울 떨어지자
개미,
더욱 분주해졌다.

가끔,
우리도 무엇엔가 쫓겨
분주하다.

마음 하나 놓치지 말 일이다.

강아지도 외로움을 타는데

서울서 이사 와서 엿새 밤을 함께 지내던
강아지 두 마리가
함께 살 사람들을 따라 각각
헤어졌습니다.
목사관에 남은 한 녀석
날이 저물자 코를 땅에 대고 킁킁거리며
구석구석을 찾아 헤맸습니다.
같이 있던 녀석을 찾는 것이겠지요.
사람이 아니더라도
살아있는 것들은 혼자서는 외로운가 봅니다.
그래서 소나무는 까치를 이웃하고
바위는 흐르는 물을 벗삼는가 봅니다.

끈

대문을 나오다가
거미줄에 걸렸다.

오호!
그렇지.
그분과 나 사이에
'명주실보다 더 가는 줄'로
이어져 있지!

행운

작은 빗방울
민들레 잎에 떨어졌다가
도르르 굴러
땅으로 떨어졌다.
아프지 않겠다.

매화 나무와 노파와 그대

그대
삶이 고달프다고 여겨지는 이유를 알고 싶거든
비오는 날
예배당 앞에 있는 매화 나무를 보아라.

가느다란 몸뚱이로
이파리에 달라붙은
빗물의 무게를 이기지 못해
활처럼 휘어져
땅바닥에 머리를 처박고 있는

그대
인생의 무게가 얼마나 될까 궁금하거든
거리에 나가
간혹 지나가는 노파의 굽은 등을 보아라.

몸뚱이 하나만으로는
지나온 세월을 지탱하기 힘겨워
마른 막대기에 의지하고 가는…

농부의 가슴

오늘도 햇살은 눈부시고
꽤 오랫동안 가물어
이파리 시들시들한
고추밭에서
농부가 먼지 팍팍 나는
제 가슴에
말뚝을 박고 있다.
눈물은 나지 않는다.
피도 나지 않는다.
다만, 말뚝이 박히는 구멍에서
뽀얀 한숨만
푹! 푹! 터져 나온다.

청명

하늘은 구름 없어 맑고
세상은 햇살 내려 밝고
땅은 봄 서리 내려 맑고
내 마음은
서리 속의 매화 향기 깃들어 밝다.

상추쌈

종일 비가 내렸습니다.
저녁 나절에
빗물에 말갛게 낯을 씻은
상추 몇 잎 따다
쌈을 싸 먹었습니다.
기분이 참 좋았습니다.

어린 밤나무에게

어린 밤나무야,
아직 철이 안 난 것이냐?

남들은 가시투성이 아람을 열어
검붉은 열매를 토해내는데

너는 어쩌다 지금 꽃을 피웠느냐?
내가 알지 못하는 때라도 되어
네가 꽃을 피운 것이라고 이해할 수는 있다만

너는
너무 늦게 피어
너무 일찍 피어
내년 봄에는 꽃을 피우지 못하겠구나
내년 가을에는 열매도 없겠구나.

길 위에서

어제 신선했던 것들이
오늘은 아무것도 아니다.
지금 나는
어디쯤 서 있는 것일까?
아무러면 어떤가,
가다 보면
또 어디쯤인가 서 있겠지.
그리고 또 가다 보면
더 가야 할 길도 없겠지.

호박꽃

감나무를 감고 오르는
넝쿨에 핀
호박꽃,

네가 피어
세상이 조금 더
환하구나!

헤어짐

찬양대를 가르치고 돌아가는 일행과
옛 길을 함께 가다가
새로 시원하게 뚫린 큰 길에 이르러서
일행은 서쪽으로 가고
나는 동쪽으로 갈라졌다.

아하, 한 세상 같이 살다가도
어느 한 시점에서
이렇게 극명하게 갈라질 때가 있을 터인즉!

"두 사람이 밭에 있으매 한 사람은 데려가고
한 사람은 버려둠을 당할 것이요
두 여자가 맷돌질을 하고 있으매 한 사람은 데려가고
한 사람은 버려둠을 당할 것이니라."(마 24:40, 41)

작은 꽃

예배당 작은 뜰에
풀협죽도꽃 향기 가득하다.

향기를 내는데
꼭 큰 꽃이어야 하는 것은 아니다.

반딧불

많은 사람들이
세상살이가
캄캄하다고 하는구나.

이렇게 캄캄한 세상에
너만큼만 되어도 좋겠구나.

어두운 밤에
풀숲에서 깜박이는
너만큼만 되어도.

추평교회 쉰한 돌 생일잔치

참 좋은 교회 더 좋은 교인들

이 시대의 모퉁이돌

몸이 쇠약해지면서도 일을 놓지 못하는 교우님들과 이웃들!
요즘 밤에 밖에 나가서면 온통 사방에서 신음소리만 들리는 것 같습니다.
이제 농촌은 종합병동입니다.
아! 하느님, 나는 왜 여기 있는 것입니까?
농사일을 거들 수 있는 것도 아니고, 아픈 곳을 고칠 수 있는 것도 아니고,
누구처럼 영력이 뛰어나지도 않은 내가, 왜 여기 이 아픈 이들 속에서
아무것도 할 줄 모르면서 이렇게 오래 있어야 하는 겁니까?

* 1990년대부터 써 온 '목회수상'을 모은 것으로
농촌교회 공동체의 믿음과 사랑, 슬픔과 기쁨이 녹아있다.
* 본문 삽화 : 김정수 · 김우선(114, 124, 126쪽)

2000년 부활절에 추평교회 교우들과 …

주례 맡아줄 사람이 없어요

목회자가 목회를 하는 동안 피하기 어려운 일이 있다면 결혼 주례와 장례식일 것이다. 결혼 주례를 맡는 일이 남남으로 살아온 젊은 남녀를 성혼이라는 의식을 통해 새로 출발시키는 것이라면 장례식은 인생을 마무리하고 돌아가는 사람들을 떠나보내는 것이라고 생각된다. 나는 목회를 하면서 아직 공식적인 장례를 치러 본 적은 없으나 결혼 주례는 맡아 보았다. 그것도 내가 좋아서 한 일이 아니요, 거의 억지로 하다시피 한 주례였다.

전임지에서 목회할 때, 술이 취하면 찾아오는 노인이 있었다. 그는 평소에는 그냥 지나가다가도 술만 취하면 찾아와서 자기 큰아들의 주례를 부탁하곤 하였다. 처음에는 결혼식이 곧 있으려니 생각하면서 응낙을 하지 않았는데 그렇게 일 년여 지난 어느 날, 노인은 평소와는 달리 간절한 표정으로 주례를 부탁하는 것이었다. "목사님이 아니면(그때는 전도사였는데 그 노인은 나를 목사님이라고 불렀다.) 주례를 맡아줄 사람이 없다."는 것이었다.

난감하기 이를 데 없는 부탁이었다. 그 전에야 술이 취해서 하는 소리로만 듣고 때로는 다른 사람을 잘 찾아보라는 등 때로는 그렇게 해드리겠다는 등 쉽게 대답해 넘기곤 하였는데 이번에는 정색을 하고 부탁하는데 거절할 수도 없고 응낙할 수도 없는 처지가 되었다.

나는 남들의 부탁을, 다른 일이라면 몰라도 주례만큼은 맡지 않겠다고 생각해 왔다. 그 이유는 첫째로 내가 새로 시작하는 젊은 남녀에게 무슨 귀감이 될 만한 삶을 살지 못하기 때문이고, 둘째는 아직 주례를 맡을 만한 인생의 경륜도 없는 한창 젊은 나이기 때문이고, 셋째는 내가 한 가정을 행복하게 꾸리지 못하는 까닭이다. 한 가정을 행복하게 꾸린다는 것이 어떤 것인지는 각자 생각하는 정도에 따라 다르겠지만 아내는 결혼 후 10년이 되도록 단 한 해도 마음 편하게 지내 본 적이 없었다. 내 생각에는 인생이라는 게 쓴 맛 속에 단 맛이 있는 것이라고 여기지만 아내가 내 생각에 동의해 줄 리 없는 게 당연하다.

어떻든 나는 그 노인의 부탁을 받고 며칠을 고민하다가 주례를 맡겠노라고 대답하고 말았다. 친척도 별로 없고 가진 것도 별반 없어 나무 베는 일로 생업을 삼는 사람, 하루가 멀다 않고 술에 취해 사는 사람, 누가 그의 부탁을 들어줄 것인가? 내게 처음 주례 부탁을 해 왔을 때 나는 동리 어른이나 아니면 농협조합장이나 면장에게 부탁하라고 하였다. 그랬더니 노인은 한숨을 푹 쉬며 "누가 내 부탁을 들어 줍니까? 그럴 사람 없어요." 하였다.

주례를 맡아 결혼식을 치러주고 집에 돌아와 있는데 저녁 무렵 신랑 아버지가 술이 취해 불그레한 얼굴로 찾아와 인사를 했다.

"목사님, 고맙습니다. 그런데 염치없지만 내년에 작은놈 또 장가를 보내야 하는데 그때도 좀 수고해 주세요." 하고는 비틀걸음으로 나간다.(돌이켜보니 난 이미 그 노인에 의해 목사가 되어 있었다.)

그곳 교회를 이임하고 마을을 떠나게 되었을 때 길에서 만난 노인에게 간다는 인사를 하였더니 "목사님 가시는 곳이 어디지요?"라고 묻던 노인. 올 가을쯤 또 한번 주례를 부탁하러 오시려는지 궁금하다. (1990. 4. 29)

주일예배는 꼭 드리는데…

"목사님, 속상해 죽겠어요."

권사님의 전화는 이렇게 시작되었습니다. 해마다 이맘때면 권사님과 남편 김종욱 교우님은 속이 상해 괴롭습니다. 자식이 먼저 세상을 떠나면 가슴에 묻는다는데 그도 그렇거니와 아들의 죽음의 진상이 6년이 되는 오늘까지도 밝혀지지 않는 겁니다.

그것만이 아닙니다. 자식을 '얼굴 없는 사람들'에게 잃은 후 얼마나 분주하게 지냈는지 알 수 없습니다. 그중에서도 해마다 아들 추모일이 돌아오면 자식 제사(?) 준비를 하는 일도 빼 놓을 수 없는 일인데, 이것저것 장만하노라면 그 심정이 또 한쪽 찢겨 나갑니다. 제사 준비야 으레 자식이 하는 것인 줄로만 알았고 또 그것이 순서인데 어쩌다가 부모가 자식 제사 준비를 하게 되었으니 그 심사가 편할 리 있겠습니까?

그뿐만이 아닙니다. 거리에서 추모행사를 할 때마다 자식 같은 젊은이들이 여지없이 연행되어 곤욕을 치르거나 구속되는 일을 보며 '내 자식 때문에…' 하는 괴로움이 한 겹 더 얹혀집니다. 시대를 잘못 만나 같은 아픔을 겪는 이들과 자식의 죽음에 대한 진실을 밝히려고 애쓰는 주변 분들에게 공연한 짐을 지워주는 것 같아 그 또한 무겁습니다.

그런데다 올해는 추모사업준비위원회(故 김성수 열사)에서 묘소참배 가는 날을 주일로 계획해 놓아 교우들로부터 '하필이면 주일날…' 이라는 눈총을 받는 것 같아 그것도 편치 않습니다. 권사님은 가끔 이렇게 말씀하셨습니다.

"저는 이렇게 바쁘게 다녀도 주일 예배는 꼭 드립니다. 우리 교회에서 못 드리면 다른 교회에 가서라도 예배는 빠지지 않습니다."

물론 소갈머리 없는 목사인 나는 "이젠 예배에 빠지지 마세요. 권사님이 자리에 없으면 얼마나 썰렁한지 아십니까?" 했지만 권사님 마음을 모르지 않습니다. 어떻든 그렇게 하시던 권사님이 이번 주일에는 주일 예배를 드리지 못하는데다 주변의 핀잔을 받는 듯하니 권사로서 마음이 상하신 겁니다.

권사님은 원래 열성파(?) 신앙인이었습니다. 지금도 아프면 기도를 받아서 나을 수 있다고 믿는 분이십니다. 옛날에는 부산에 있는 무슨 신학교에서 공부도 조금 하여 교회 일에 봉사하는 것이 평생소원이었는데 지금은 이일 저일로 분주하게 오가야 하니 그것도 하느님께 불충하는 것 같아 괴로운 겁니다. 이래저래 심란한 마음을 털어놓으시더니 이내 우시는 겁니다.

권사님 소원은 이 목사가 보기에는 두 가지입니다. 하나는 아들의 죽음에 대한 진실이 밝혀지는 것이고, 또 하나는 교회 일에 힘쓰시는 것입니다. 권사님은 당신의 속마음을 이렇게 밝히고 전화를 끊었습니다다.

"목사님, 나도 교회 일에 힘쓰고 싶은데… 어휴 속이 상해서요…."

작은 아들이 대학 진학을 위해 무슨 계열을 택하느냐고 물을 때 김종욱 교우님은 사회과학을 많이 접하는 인문계열보다는 자연계열을 택하라고 주문했다고 합니다. 나는 교우님이나 권사님의 아픈 마음 한 자락도 거들 수 없어 그저 기도만 할 뿐입니다. 하느님께서 이 가정의 한과 소원을 들어주십사고. 그리고 이런 이들의 한이 풀릴 수 있는 세상이 되도록 해 달라고…. (1992. 6. 21)

찬송가 익히기

가춘속회를 안상희 집사님 집에서 모였습니다. 집사님은 앞을 보지 못하는 남편 서승균 교우님과 사십니다.

집사님네는 농사지을 땅이 없습니다. 살고 있는 집터도 남의 땅입니다. 자식들이 있지만 부모를 도울 형편이 못 됩니다. 그래서 집사님네는 집사님이 남의 일을 해서 받는 품삯으로 생활하는 편입니다.

몇 년 전까지만 해도 건강해 보이셨던 집사님은 70을 바라보면서 몸이 많이 약해지셨습니다. 특히 무릎이 아파 언덕길을 오르내리는 것도 쉽지 않습니다. 그래도 남의 일을 가게 되지 않으면 예배나 기도회, 속회에 열심히 참석하십니다. 교회를 다닌 지 꽤 오래되셨건만 아직도 글자를 모르니 찬송가와 성서를 볼 줄 모르십니다. 그러면서도 남들보다 열심히 모임에 참석하시는 것이 신기합니다. 한번은 교우님이 "당신은 찬송도 못하고 성서도 못 보면서 무슨 재미로 예배당에 가느냐?"고 묻더랍니다. 그래서 뭐라고 대답하였느냐고 물었더니 "놀러 가지." 했답니다. 참으로 명답입니다. 참 잘 놀 줄 아는 분입니다.

집사님 댁에서 예배를 드릴 때면 늘 찬송 소리가 맑습니다. 마음이 맑기 때문입니다. 지닌 것이 없지만 욕심을 부리지 않고 사십니다. 그런 집사님 댁에서 모임을 가질 때면 꼭 부르는 찬송이 있습니다. 455장(주 안에 있는 나에게)과 487장(죄짐 맡은 우리 구주)입니다. 455장은 집사님네가 이곳에 이사 오기 전에 안식교에 다닐 때부터 서승균 교우님이 외우던 찬송가입니다. 그래서 마지막 절의 '내 앞길 멀고 험해도'를 꼭 '내 앞길 험악하여도'로 부르십니다. 옛날 가사는 그랬거든요.

이 찬송가는 그 집의 주제가입니다. 심방을 하든가 속회를 할 때면 이 찬송가를 택하여 불렀습니다. 그러다가 몇 년 전에 487장을 가르쳐 드렸습니다. 찬송할 때 가사를 먼저 읽으면서 부르기를 꽤 오랫동안 했더니 이제 가사는 다 외우지 못하셨지만 곡은 다 익히셔서 가사를 모르는 부분은 어물어물 넘어가시면서 잘 따라하십니다.

교우님은 오늘부터 찬송가 한 장을 더 배우기 시작하셨습니다. 405장(나 같은 죄인 살리신)입니다. 1절만 몇 차례 부르고 가사를 설명해 드렸습니다. 교우님이 이 찬송가를 익히게 되기까지 시간이 얼마나 걸릴지 모릅니다. 다만 조금씩 조금씩 익히며 사는 것이 믿음으로 사는 것이기에 그렇게 하는 것일 뿐입니다. 그렇게 하다 보면 언젠가는 또 교우님께서 우렁찬 목소리로 '나 같은 죄인 살리신…' 하면서 한 가지 찬송을 더 하실 것입니다.

집사님이 맛있게 만들어 내놓은 밀가루 부침을 먹고 나오면서 교우님께 한 가지 당부를 하였습니다.

"내일 모레가 추수 감사절이니 예배하러 오세요. 지난 한 해 보살펴주신 하느님께 감사드리는 마음으로 헌금도 정성껏 준비해 오셔서 예배하고, 점심도 같이 잡수시도록 하세요. 교인이 적어도 일 년에 네 번은 예배당에 오셔야지요. 추수감사절, 성탄절, 부활절, 맥추절, 이렇게요."

목사의 말인지라 안 온다고 하지는 않으셨습니다. 그렇지만 안 오실 확률이 많습니다. 예전에도 그러셨거든요. 왜 안 오셨느냐고 물으면 "남에게 폐를 끼치게 되잖아요." 하셨습니다. 교우님이 예배당에 오시지 않더라도 나는 압니다. 그분은 하느님을 잘 모시고 사신다는 것을! 어떻게 아느냐고요? 내가 오기를 참으로 기다리시는 분이거든요.

교인이 이 정도밖에…

권사님은 명주군 새마을부녀회 연합회장도 하였던 분입니다. 그래서 그런지 정치문제에 있어서는 여권 성향이 강했습니다. 거기다가 김영삼 대통령이 취임하면서, 기독교인이라는 점이 여당 편을 들어야 한다는 생각을 더욱 굳게 해 주었습니다. 지난 명주 양양 국회의원 보궐 선거에 장로 대통령의 측근 가운데 측근인 김 아무개 씨가 출마했으니 권사님 입장에서는 그가 당선되도록 힘쓰는 것은 너무도 당연했습니다. 그러나 그 후보가 떨어지고 야당 후보가 당선되었습니다. 그래서 권사님은 자신이 인도하는 속회를 마친 후 자신의 심정을 속도들에게 털어 놓았습니다.

"김 대통령 측근이 당선돼야 그분이 힘을 얻고, 그래야 청와대에서 찬송소리도 울려 퍼질 것 아닌가?"

그런데 마침 목사님이 그날 속회에 참석하게 되었는데, 권사님의 이 말을 다 듣고 나서 "그게 아니다."라고 하셨습니다. 교회마다 돈을 돌린 것 하며, 불법선거운동 한 것 하며, 공명선거 하기로 하고 무슨 '특사'를 내려 보낸 것 하며, 그리고 이승만 정권 때 이야기하며 가혹하게 권사님 의견의 모순을 지적했습니다.

목사님의 얘기가 끝났을 때 권사님의 얼굴은 벌겋게 달아올랐고 집으로 돌아가는 교회 승합차에 오르자 권사님은 이내 엉엉 울고 말았습니다. 목사님은 자신의 말이 너무 지나쳤나 싶어 이해를 구했습니다. "제가 우는 것은 목사님의 말씀이 서운해서 우는 것이 아니라 내가 이 정도밖에 생각을 못하는 사람이라는 것 때문에 운다."고 대답하셨습니다. 권사님은 이어 "나 실컷 울도록 내버려두세요. 그리고 다음 주일에는 내가 고개를 들고 교회에 나갈 수 없으니 예배에 빠지더라도 꼭 한 번만 목사님이 이해해 주세요."라고 부탁하였습니다. 목사님은 집에 와서 권사님의 섭섭한 마음을 달랠 겸 전화를 하였지만 권사님은 막무가내로 한 주간은 교회에 나가지 않겠다고 하였습니다. 그리고 돌아온 주일에 예배에 빠지고, 그 다음 주일에는 밝은 얼굴로 예배에 참석하였답니다.

그 목사님은 사람들이 말하는 운동권 목사님도 아니고 무조건 야당이 되어야 한다고 하는 분도 아닙니다. 다만 권사님쯤이면 기독교인으로서 냉철하게 사리를 판단하여야 한다는 것을 말씀드린 것뿐이었습니다. 그리고 권사님은 이내 목사님의 조언을 통해 자신의 부족함을 깨달으셨던 것입니다.

교인이라야 60여 명쯤 모이는 교회. 몇 백 명이 모여도 성에 차지 않고, 수천수만 명이 모여야 큰 교회라고 여기는 사람들에게는 형편없이 작은 교회인지 모르겠으나 목사님은 그런 대형 교회에서 목회하는 목회자들보다 더 큰, 아주 큰 목회를 하고 있었습니다. 정말 사랑과 진실이 눈을 맞추고 입을 맞추는(시 86:10) 목회였습니다. 🌿 (1993. 7. 25)

사돈 할머니를 뒤따른 할머니

지난 토요일 예배당 뒤편에서 혼자 사시던 할머니가 77세의 나이로 돌아가셨다. 오래 전부터 앓기는 하셨지만 병원에 다니며 치료를 받으시면서도 이런저런 소소한 것을 모아다가 장터에 가지고 가 팔기도 하시곤 하였는데 갑자기 돌아가신 것이다. 그날 낮에도 조그만 밭에 심은 콩인지 무엇을 걷어 가지고 오셨는데 해 떨어지고 어둠이 내릴 때 갑자기 돌아가셨다.

도시에 나가 사는 아들이 함께 살자고 하였지만 자식들에게 폐 끼치기 싫다시며, 몸을 움직이지 못하게 되어 아들에게 몸을 맡기게 되면 돈이라도 얼마 주어야겠다며 푼푼이 꽤 많은 돈을 모아 놓으셨다던 할머니는 결국 아들 신세(?)를 지지 않고 쉽게 세상을 놓으셨다. 하느님께서 아들에게 폐를 끼치지 않고 사시고 싶었던 할머니의 마음을 받아주셨는가 보다.

가끔 차를 운전하며 오가다가 할머니를 만나면 태워드리기도 하였는데 그때마다 할머니는 매우 미안해하시는 표정이셨다. 차를 타시는 것도 그렇거니와 같은 마을에 살면서 예배당을 지나 다른 곳에 가서 미사를 드리고 오시는 것을 할머니는 무척이나 미안하게 여기시는 것 같았다.

늘 정갈한 모습으로 지내셨던 할머니이신데 이제 미사를 드리고 오시는 모습도 볼 수 없고, 차를 태워드릴 일도 없어졌다. 지난 초여름이 시작될 때 돌아가신 사돈 할머니 이계득 권사님과 이웃하며 사시더니 해를 넘기기 전에 그 뒤를 따르셨으니, 함께 사시다가 함께 떠나고 싶은 마음도 지녔던 것일까?

한 해에 시어머니와 친정어머니를 떠나보내신 정연경 집사님, 친할머니와 외할머니를 한 해에 떠나보낸 주영이, 주현이에게 하느님의 위로가 함께하시길 바란다.

똥 푼 다음날 아침

아침에 일어나니 어깨가 조금 뻐근하였습니다. 어제 일을 하였기 때문입니다. 매일 일을 하는 사람들에게는 별 것 아닐 수도 있는 일인데, 노동을 많이 하지 않는 제게는 조금 버거웠던가 봅니다.

추평교회 예배당에는 화장실이 없습니다. 뒷간만 있습니다. 수세식 변기도 없고, 손을 씻는 곳도 없고, 화장을 고칠 때 보는 거울도 없고, 그야말로 뒷일만 볼 수 있는 큰 항아리 한 개가 묻혀 있고 그 옆에 파란 물통이 하나 놓여 있는데 그 항아리가 다 찼기 때문에 비워줘야 했습니다.

우선 지난해에 저장통에 있던 똥을 퍼서 매실나무에 묻어주었습니다. 잘 크고 있는 매실나무가 네 그루인데 그 녀석들에게 다섯 통씩 고루고루 나눠주었습니다. 지난해에는 게으름을 피우다가 아무 거름도 주지 못했는데 올해는 겨울이 오기 전 매실나무가 먹을 수 있는 거름을 주게 되어 저도 흐뭇했습니다.

그렇게 묵은똥을 푸고 나서 항아리에 있는 똥을 퍼서 저장통으로 옮겨 담았습니다. 이 과정이 만만치 않았던 겁니다.

제가 이 교회에 오기 전부터 뒷간 청소는 주로 최명옥 집사님이 남편인 김문영 집사님의 도움을 받으며 하셨습니다. 제가 오고 나서도 몇 년은 집사님이 하셨지요. 그러다가 그 일을 제가 떠맡았습니다. 뒷간을 치우는 일은 아낙네에게 어울리지 않는다는 생각에서였습니다. 그러니까 저는 몇 년 전부터 추평교회 뒷간 청소 당번이 된 것입니다. 항아리를 치우는 일뿐만 아니라 오줌통을 비우고, 한 주에 한 번 바닥을 씻어내는 일까지 다 맡았으니까요.

어렸을 때 얘기입니다.

제가 자라던 마을에서 멀리 떨어진 산골짜기에 노인네 한 집안이 숯을 구며 살다가 조금씩 조금씩 숯을 쓰는 사람들이 줄어들자 마을로 내려와 어느 집의 머슴으로 일하게 되었습니다. 어느 날 동무들과 그 노인이 일하는 집 앞을 지나게 되었는데 노인이 뒷간 똥통에서 똥을 퍼서 재에다 버무리는 것이었습니다. 그런데 그 냄새가 얼마나 고약스럽던지 우리는 그만 코를 막고 얼굴을 찌푸리며 "아이쿠 냄새" 하면서 얼른 지나갔습니다. 그때 노인은 우리 등 뒤에 대고 이렇게 호통을 치시는 것이었습니다.

"이놈들, 똥통에 목을 박고 사는 놈들이!"

노인의 호통이 제 뇌리에서 다시 살아난 것은 꽤 오래 전입니다. 아하! 그렇구나, 인간이란 똥통에 목을 박고 사는 존재로구나!

똥이란 사람을 살리는 보배입니다. 우리는 똥에게 감사해야 합니다. 입으로 음식을 먹어 똥이 되어 나오는 덕분에 우리는 살 수 있습니다. 만약 우리가 넣을 구멍만 있고 나오는 구멍이 없다면 어떻게 살 수 있겠습니까? 또 먹을 구멍으로 들어오는 것이 소중한 만큼 나오는 구멍으로 나온 것도 소중한 것입니다. 똥이란 냄새가 좀 고약해서 그렇지 더러운 것이 아닙니다. 이 세상에는 진짜 더러운 것들이 얼마나 많습니까?

저는 추평교회에 느끼는 감사가 몇 가지 있는데 그 가운데 하나는 바로 똥통이 있다는 것입니다.

아무튼 어제는 똥 향기에 취해 하루를 보냈습니다. 어떠신지요? 오늘 하루 진한 향기를 품고 사실 수 있으시겠는지요? (2003. 11. 19)

하느님의 능력이 참으로 크시지요?

가춘속 심방하는 날.

저수지 뒤쪽 이 마을 저 마을에 흩어져 사는 교우들이 모여 이루어진 속이다. 새벽부터 눈이 내렸다. 가춘속은 거의 비탈길을 지나가야 하는데 갈 수 있을까? 지난 번 어른들 온천에 모실 때도 고생했는데…. 다행히 차가 다니는 데 큰 어려움은 없었다. 맨 마지막으로 간 곳은 안상희 집사님 댁.

아픈 다리 절룩이며 남의 일을 다녀 품삯을 받아 살림을 해야 하는 집사님과 앞을 잘 못 보시는 남편. 쌀 두 가마니를 사 놓았다고 하신다. 김장은 하셨으니 겨울 먹을거리는 모자라지 않겠다는 생각이 든다. 얼굴 표정을 살피니 두 분 모두 어두운 그림자가 없다. 가진 것이 없어도 걱정 없이 살고 계신다. 속회 때나 심방 때 이 집에서 기도회를 하면 찬송 소리가 울린다. 욕심 없는 마음의 울림이려니.

내가 이곳에 와서 처음 얼마 동안은 집사님 집에서 속회를 하거나 심방을 해도 차 한 잔 못 마시고 돌아오곤 하였다. 아무것도 준비하시지 않았기 때문이다. 예배당에는 열심히 나오시지만 찾아오신 교우들과 무엇을 나누는 것에는 익숙하지 않으셨다. 물론 가난해서 내

놓을 것이 없기도 하셨거니와 그래보지 않았기 때문이다.

그러시다가 언제부터인가 목사가 밀가루 부침을 잘 먹는 것을 아시고는 김치를 쭉쭉 찢어서 부치기를 해 놓기 시작하시더니 도토리묵, 청포묵도 해 놓으시고, 어느 때는 밥상도 차리곤 하셨다. 집사님이 만드신 음식은 화려하지는 않지만 깊은 맛이 있다. 모두 좋아하신다.

무엇을 말씀드리고 돌아간다지? 심방 헌금 봉투가 보이지 않는다. 옳거니! 목사의 얘기가 시작된다.

"집사님, 저는 집사님을 보면 참 신기하다는 생각이 듭니다. 찬송가도 찾을 줄 모르시고, 성서도 찾을 줄 모르시고, 그러면서도 예배당 출석은 1등 가실 만큼 열심이시니 참 신기합니다. 하느님의 은총이 아니고는 그렇게 하실 수가 없어요. 그리고 이제는 음식까지 만들어서 교우들께 대접도 하시니 신앙 생활하시는 것도 참 많이 좋아지셨어요. 이제 한 가지 더 말씀드릴게요. 심방할 때는 정성껏 헌금을 드리세요. 액수는 적어도 정성껏 준비하여 드리시는 거예요."

여기까지 얘기하는데 남편 서승균 교우님이 한말씀 하신다.

"참으로 하느님은 능력이 크신 분이세요. 아 어떻게 아브라함은 백열 살(교우님은 아브라함의 나이 백열 살에 아들 이삭을 낳은 것으로 알고 계신다)이고, 사라는 아흔 살인데 이삭을 낳게 하셨단 말이에요. 참…."

아니, 언제 들으신 성서 이야기인데 그걸 기억하고 계시다가 말씀하시는 것일까?

교우님의 이야기에 모두 그렇다고 대답하고 기도를 드리고 나니 예배상 위에 헌금 봉투가 놓여 있다. 기도하는 동안 집사님께서 소리 없이 헌금을 준비하신 것이다.

그래, 이렇게 하나 하나 익혀가는 마음이라면 결코 가난하지 않다. 가난하지 않은 마음에 하느님 나라의 신비한 은총의 선물이 끊이지 않으리. (2003. 12. 19)

"정말 시원하겠습니다"

이마가 땅에 닿도록
구부러진 허리에
총총 걸음으로
그러나 쉬기를 몇 번씩 하며
예배당에 오곤 하시던 당신께서
한 해 반 전에
아픈 몸을 딸에게 의탁하러 떠나셨다가
시신으로 돌아와
고향 땅에 묻히신 집사님

목사관 이사할 때
시루팥떡 한 쪽 잡수시고는
"이젠 시원하네."
하셨던 집사님

이제
허리 굽은 몸 떨쳐내고
시원하시겠습니다.
영원한 생명의 떡 잡수시며
마르지 않는 영원한 샘물 마시면서
정말 시원하시겠습니다.

    6년 전입니다. 목사관을 갑자기 옮기게 되었습니다.(임시로 빌려 쓰게 된 것이지만) 생각지도 않다가 갑자기 옮기게 되어 분주했지만 집 같은 집으로 옮기게 되어 저나 식구들이나 교우들 모두 한 시름 덜게 된 마음에 분주한 줄 모르고 짐을 옮겼습니다. 예배당 옆에 있는 허름한 방이 사는 사람에게나 보는 사람에게나 모두 편치 않았으니까요.
    이사하던 날, 시루팥떡을 해서 교회 식구들, 이웃들과 나누어 먹었습니다. 그때 김순례 집사님은 마침 약을 타러 서울에 다녀오시게 되어 이사떡을 잡숫지 못하셨습니다. 그게 못내 서운하셨는지 어느 분께 "괜히 서울에 갔다가 떡도 못 먹어 속상하다."고 말씀하셨답니다.
    이사를 하고 난 다음 주일에 이사한 목사관에서 교우들과 함께 예배를 드렸습니다. 그날도 팥시루떡을 해서 나누어 먹었는데 그날은 집사님이 누구네 결혼식인지 회갑인지 하는 곳에 다녀오시느라 또 못 잡수셨습니다. 그런데 이사 예배에 참석하셨던 우 권사님이 떡을 가져가셨다가 주일 저녁 기도회에 오셨던 김 집사님께 슬며시 전해 드렸던 모양입니다. 생각지도 않았던 이사떡을 받아 드신 집사님, "이사떡을 못 먹어서 속이 상했는데 이젠 시원하네." 하고 좋아하셨답니다.

집사님이 서운하셨던 것은 떡을 못 잡수셨기 때문이 아니었습니다. 옛날에는 떡 한 쪽 먹기도 힘들었지만 요즘 세상은 '떡은 잘 먹지 않는 세상' 입니다. 그러니 떡 때문에 속상하셨을 리 없습니다. 배가 고파서 그러셨던 것은 더욱 아니지요. 교회 목사관을 옮기는 데 연세가 많아 숨은 차고, 허리는 구부러져 가벼운 짐 하나 나르지는 못해도 남이 아니고 싶으신 것이었습니다. 일은 거들지 못해도 이사떡 한 조각이라도 잡수시면서 교회 식구 밖에 있고 싶지 않으셨던 겁니다.

그러니 우 권사님이 가져다주신 떡이 얼마나 좋았을 것이며, 떡을 챙겨 몫으로 삼아주신 우 권사님이 또 얼마나 고마우셨겠습니까? 그러니 "이제 시원하네." 하셨던 거지요. 그날 밤, 집사님은 집에 가셔서 형광등 밝히고 조금씩 떼어 잡수셨을 겁니다. 한 조각 떡에 그렇게 흐뭇하고 배부르기도 처음이셨을 겁니다.

지난해, 논 가운데 있는 오두막집에서 혼자 사시던 집사님은 앓아오던 병이 심해져서 딸네 집으로 가셨습니다. 집사님이 마을을 떠나신 며칠 뒤에 이 소식을 듣고 아, 이제는 집사님을 뵙지 못하겠구나 하는 생각에 무척이나 마음이 아팠습니다. 그리고 몇 달이 지나 집사님이 수원에 있는 작은 딸에게 가 계신다는 소식을 듣고 전화를 해서 안부를 물었습니다. 전화를 할 때까지만 해도 수원 가는 길에 꼭 한

번 들러볼 생각이었습니다. 그러나 그것은 생각으로만 끝났고 결국 살아 계실 때 더 뵙지 못하고 말았습니다. 떡 한 조각 받아들고 "이제 시원하네." 하셨던 집사님을 더 시원하게 해 드리지 못한 못난 목사가 되고 말았습니다. 그래도 그분은 마지막 가시는 길에 그동안 입고 사셨던 몸을 땅에 눕히는 일을 제게 맡기고 떠나셨습니다. 제가 무슨 더 할 말이 있겠습니까?

이제는 목사관 이사떡을 잡숫지 않아도 시원하실 하느님의 품에서 더 없이 시원한 다른 삶을 누리시옵소서. (2003. 11. 19)

그래, 삶을 이렇게!

　　　　　　　　　　　　　　　　가양과 주동마을 어른들을 온천에 모신 뒤 가을일이 마무리가 덜 되어 미뤘던 '목욕 봉사'를 다시 시작하는 첫날.

　아침에 일어나 밖에 나와 보니 눈이 내리고 있었다. 첫눈이라 반갑고, 봄 같은 날씨 끝에 내린 눈이라 겨울맛이 나서 좋았다. 그러나 반가움은 잠깐이고 염려가 앞선다. 오늘은 유봉과 춘문 어른들을 모셔야 하는데 차가 다닐 수 있을까? 유봉과 춘문은 비탈길을 오르내려야 한다. 춘문은 그렇다 치고 유봉은 정말 어려울 것이다.

　방에 들어와 유봉 이장님께 전화를 했다. 다행일까? 이장님이 깜빡 잊고 방송하는 것을 잊었단다. 그리고 눈이 와서 차가 올라올 수 없단다. 잘 되었구나 싶어 수요일 낮 10시로 약속하고 춘문을 향해 차를 몰고 나갔다. 아니나 다를까, 저수지 모롱이 언덕배기를 거의 다 올라가서 차가 헛바퀴를 돌며 미끄러진다. 등에서 진땀이 흐른다. 천천히 뒷걸음을 쳐서 평지까지 내려왔다가 올라가기를 몇 번씩 거듭하였지만 결과는 마찬가지다.

　어떻게 한다지? 어른들은 회관에 모여 계실 텐데…. 마을 회관으로 전화를 했다. 차가 저수지 밑에서 못 올라간다고 하자 걸어서 오시겠단다. 그렇게 하시라고 했지만 마음이 놓이지 않는다. 벌써 아스팔트 길바닥은 유리알 같다. 혹 미끄러지기라도 하면! 문득 박완서씨의 「엄마의 말뚝」이라는 단편 소설이 떠오른다. 그 소설 속의 '엄마'가 낙상하여 결국 숨지지 않았나? 노인들이 얼음판에서 넘어지면 치명적인 상처를 입기 쉽다.

안 되겠다. 기다릴 수만은 없어 차를 다시 몰고 올라가다 세우고 길옆에 쌓아 놓은 모래 포대를 뜯어 길바닥에 펴기 시작했다. 몇 개를 뜯어 펴고 있는데 어른들의 모습이 보이기 시작한다. 멀리서 모래를 펴고 있는 나를 보시고는 손사래를 저으면서 하지 말라신다. 차 있는 곳까지 걸으면 된다신다. 하던 일을 멈추고 어른들과 함께 조심조심 차 있는 곳까지 왔다.

그래! 삶을 이렇게 조심조심 살면 그르치는 일은 없으려니.

온천욕과 점심을 마치고 돌아오는데, 길바닥은 언제 그랬냐는 듯이 말끔하게 녹아 있었다. 아침에 헤매던 길바닥도 다 녹아 물만 질펀하게 흐르고 있었다. 춘문마을 회관 앞에 어른들을 모셔 놓고 얼굴을 보았다. 얼굴마다 발갛게 물들어 있었다. 모두들 새색시 얼굴처럼 고왔다. 가으내 먼지 속에서 지내다 말끔히 씻어냈으니 곱지 않을 수 있을손가?

빙판길도 마다지 않으시고 함께 온천길에 오르셨던 어른들께 감사드리며 허리 굽혀 인사드리고 돌아왔다.

"건강하게, 편안히 잘 지내십시오." (2003. 12. 8)

기도하러 왔어요

홍태자 교우가 하일에서 탑평으로 이사를 와서 첫 번째 주일을 맞았습니다. 아침, 밖에 나가다 예배당 뜰에서 홍태자 교우를 만났습니다. 아직 햇살이 퍼지기 전인데 어쩐 일일까?

"어쩐 일로 이렇게 일찍 오셨어요?"

"기도하러 왔어요."

심방 때 홍태자 교우님 집을 방문하여 예배당 가까운 곳으로 이사 왔으니 새벽에 예배당에 와서 기도하시라고 말씀을 드렸습니다. 그런데 정말 일찍 예배당에 나와 기도를 하신 것입니다.

교우님이 예배당 마당 계단을 내려가시는데 최 집사님이 오시다가 계단에서 마주쳤습니다. 두 분이 잠깐 뭔 얘기를 나누셨는데 집으로 가시던 홍태자 교우님이 다시 돌아서서 예배당으로 들어오시더니 최 집사님과 함께 청소를 하십니다. 예배실 입구를 쓸고, 마당을 쓸고, 쓰레기를 태우고…. 그러고는 찬양대원들의 점심 준비까지 하시는 겁니다.

교우님은 지금 심장이 좋지 않습니다. 다행히 사회단체를 통해 무료로 심장 수술을 받게 되어 날짜만 기다리고 있습니다. 얼핏 생각하면 홍태자 교우님의 오늘 행동이 '수술이 잘 되기를 바라는' 계산에서 그렇게 한 것이라고 생각할 수도 있겠습니다만, 아닙니다. 홍태자 교우님은 그런 계산을 할 만큼 세상살이에 똑똑하지 않습니다.

세상 사람들이 똑똑하지 않게 여기는 홍태자 교우님 마음속에 하느님의 나라가 이루어지길 바라고, 심장 수술도 잘 되기를 바랍니다.

임마누엘, 홍태자 교우께 임마누엘! (2003. 12. 22)

나를 이 일에서 떼어내 주십시오

지난 두 주간 속회를 하지 못하였던 가춘속. 어제 저녁 김애숙 집사님 집에서 모였습니다. 가춘속을 이루는 믿음의 식구 다섯 명 가운데 네 명이 모였습니다. 속회를 마치고 나자 김 집사님이 몽쉘통통과 레몬주스를 내놓으시면서 말씀하십니다.

"아무것도 차리지 못했어요."

얼굴을 둘러보았습니다. 모두 성한 표정이 아닙니다. 유창근 집사님은 지난 가을에 갑자기 시력이 떨어지는 병이 생겨서 치료를 받기 시작한 지 반 년이 지났는데 아직도 약으로 치료하시느라 얼굴이 퉁퉁 부었습니다. 거기에다 무릎까지 아파서 절룩거리며 다니십니다.

이종개 속장님은 지지난 금요일 밤에 갑자기 병원에 입원하셨다가 나흘 만에 퇴원하셨지만 아직도 완전히 회복되지 않아 기운이 없으십니다.

김애숙 집사님은 무릎이 아파 오랫동안 치료를 받으셨는데 며칠 전 남편 한이섭 님과 둘이 고추밭 600평에 비닐을 씌우고 나서 더 심해졌고, 남편께서는 퇴행성관절염이 생겨서 병원에 특진을 신청해 놓고 계십니다.

안상희 집사님은 몇 년 전부터 다리가 아파서 절룩거리면서 남의 일을 하십니다. 춘문 개울 옆에 사시는 어떤 분은 이제 예순넷인데 담배를 엄청나게 심어 놓고는 간암이라는 진단을 받고 병원에 입원해 계시는데 배에 물이 계속 차오릅니다. 며칠 살지 못하실 것이라고 모두들 말합니다.

이런저런 얘기 끝에 김애숙 집사님은 내년에는 정말이지 농사일을 하지 않을 것이라고 선언하셨지만 곧이듣는 사람은 아무도 없습니다. 그러고는 다들 말합니다. 죽게 돼야 겨우 일을 놓을 수 있다고….

평생을 일에 치여 골병이 들어 하루가 다르게 몸이 쇠약해지면서도 일을 놓지 못하는 교우님들과 이웃들! 요즘 밤에 밖에 나가서면 온통 사방에서 신음소리만 들리는 것 같습니다. 이제 농촌은 종합병동입니다.

아! 하느님, 나는 왜 여기 있는 것입니까? 농사일을 거들 수 있는 것도 아니고, 아픈 곳을 고칠 수 있는 것도 아니고, 누구처럼 영력이 뛰어나지도 않은 내가, 왜 여기 이 아픈 이들 속에서 아무 것도 할 줄 모르면서 이렇게 오래 있어야 하는 겁니까?

이제 더 이상 견딜 수 없습니다. 나를 이 일에서 떼어내 주십시오. 제발 부탁입니다. 하느님!!! 아무것도 할 수 없어 떠나고 싶습니다. 어디 간들 무엇을 할 수 있는 놈이 못 되지만 그래도 이 종합병동에서 떠나고 싶습니다.

이것이 어제 속회를 하고 돌아와 생각한 전부입니다. (2004. 5. 2)

하룻길 나들이

답답하다는 소리가 들렸다. 바람이라도 쐬었으면 좋겠다는 소리도 들렸다. 주문진에 전화를 했다. 오징어가 꽤 잡히고 값도 괜찮단다. 다음주면 단풍 관광객이 많이 올 것이란다. 농사일도 며칠 쉴만한 짬이 난다. 그렇다면 지금이 가장 좋은 때다. 하룻길이라도 마음 놓고 나들이를 할 수 있는 때가. 권사님께 전화를 했다. "권사님, 바람나고(?) 싶다고 하셨어요?" 웃으신다. 갑작스럽게 두루두루 연락을 해서 싫다는 이 없이 하룻길 나들이를 하기로 했다.

그런데 차가 움직이기 시작한 지 얼마 안 되어 사고 발생! 집사님 한 분이 멀미를 심하게 하신다. 할 수 없이 중간에 내려드렸는데 그 부근에 친정이 있어 그나마 다행이다. 가던 길을 계속 갔지만 마음 한 구석이 빈 것 같다. 소풍이라도 가는 듯, 수학여행이라도 가는 듯 들떠 있던 교우님들, 갑자기 조용해졌다. 다 같은 마음이었다. 한 사람 떼 놓고 가는 서운함이란!

대관령에 들어섰다. 고속도로를 달리는 동안 혹은 졸기도 하면서 혹은 차창 밖을 바라보며 조용하던 이들이 갑자기 탄성을 지른다. 아직 덜 익은 단풍이건만 여름내 농사일에 지쳤던 이들을 감동시키기에는 충분했었나 보다. 단풍이 더 곱게 물들기 전에 오길 잘했구나, 한창 물들었을 때 왔다면 모두 기절할 뻔하지 않았는가?

바닷가에 닿았다. 차에서 내리자마자 모래밭으로 간다. 바다가 없는 동네에 사는 이들에게 바다는 언제 보아도 시원하다.

회 한 접시, 매운탕 한 냄비, 그리고 별미로 회 비빔밥 한 그릇 시켜 한 숟가락씩 맛보며 배를 채우고 부둣가 수산물 시장에 가서 싱싱한 생선 몇 마리씩 산 뒤 집으로 오려고 차머리를 돌리는데 누군가 묻는다.

"목사님 왔던 길로 가시나요?"

다른 길로 가고 싶다는 뜻인데 어떻게 하나? 시간이 넉넉지 않다. 돌아와서 밤에 직장에 나가야 하는 분도 계신데….

그러나 어쩌랴? 여럿이 원하는데. 돌아가자, 한계령으로 향한다. 그래도 속으로는 마음이 안 놓인다. 늙어가면서 직장에서 다른 사람들에게 말을 듣는 것은 아닐까?

한계령에 접어들었다. 대관령보다 더 짙은 단풍이 뉘엿뉘엿 기울어가는 저녁 햇살을 받아 더 아름답다. 집사님 한 분은 지금까지 한 번도 한계령을 넘은 적이 없다신다. 한 번도 한계령을 넘어보지 못한 사람과 같이 보면 눈병이 날 것이라며 다른 분들에게 모두 눈을 감으시란다.

한계령 정상에서 소양강 줄기를 이루는 한계 시냇물, 가슴 시리도록 맑은 빛이다. 원통, 인제, 홍천을 거쳐 다시 바다 없는 동네 충청북도 땅에 돌아온 시간은 저녁 7시 20분.

　한가하게 앉아 차 한 잔 마실 여유도 없이 바람 스치고 지나가듯 획 갔다 온 여행길이었지만 동해의 시원한 바다처럼, 옥빛 같은 한계의 물줄기처럼 교우님들의 마음이 시원하게 맑아졌다면 얼마나 다행이랴! 🌸 (2004. 10. 8)

추평교회 교우들의 시편

두 주 전 수요 기도회 시간에 시편 136편을 읽었습니다. 구절구절마다 하느님께 감사하라는 말씀입니다. 이렇게 저렇게 하신 이에게 감사하라는 노래인데 그 모든 일들은 하느님의 영원한 자비 때문에 이루어진 일들이라는 것입니다. 하느님은 자비로우시기 때문에 어떤 모양으로든 당신의 백성들에게 자비를 베풀지 않고는 견디지 못하시는 분으로 다가왔습니다.

그래서 교우들에게 말씀드렸지요.

"여러분의 시편을 써 보십시오."

그리고 어제 수요 기도회에서 몇 분이 자신들의 시편을 밝혔습니다.

"고된 일상 속에서도 기도하며 살 수 있게 하신 이에게 감사하라. 그 인자하심이 영원함이로다." "아이들이 선하게 자라게 하신 이에게 감사하라. 그 인자하심이 영원함이로다."

바쁘고, 여러 가지 일에 시달리고 그러면서도 기도로 살 수 있으니 감사하지요. 기도하는 가운데 평정을 회복하며 잘 견딜 수 있으니 감사하지요. 그리고 아이들도 모두 착하게 자라 아이들 문제로 걱정하지 않으니 정말 감사하지요.

"날마다 소득이 있게 하신 이에게 감사하라. 그 인자하심이 영원함이로다."
요즘 매일 사과나무 가지치기를 하러 다니는데 저녁이면 품값을 받아 주머니가 뿌듯해서 기쁜데 집에 와서는 하루도 넘기지 못하고 다 나가고 말아서 서운한데, 그래도 요즘은 날마다 일해서 필요한 데 쓸 수 있으니 감사합니다.

"새로운 영농 기술로 농사를 짓게 하신 이에게 감사하라. 그 인자하심이 영원함이로다."
엄정면에서 고추 터널 재배할 사람을 한 명 뽑는데 저까지 일곱 명이 신청했대요. 그래서 글렀구나 했는데 어제 전화가 왔어요. 영농 기술 센터에 와서 기술 지도 받으라고. 참 감사했어요.

"어려움을 주신 이에게 감사하라. 그 인자하심이 영원함이로다."
제가 겪는 여러 가지 어려움이 저를 기도하도록 하고, 그 가운데서 느끼고, 깨닫고, 밝아지니 참 감사해요.

"자연 속에서 일할 수 있게 하신 이에게 감사하라. 그 인자하심이 영원함이로다."

사과밭에서 일하면서 얼마나 즐거운지 몰라요. 일은 힘들지만. 어제도 나비를 보고, 새 소리를 듣고, 꽃망울을 만지고 하니까 참으로 행복했습니다.

"좋은 냇둑을 걸을 수 있게 하신 이에게 감사하라. 그 인자하심이 영원함이로다."

학교를 마치고 집에 와서 들길을 걷는 게 참 감사합니다.

"진리를 사모하게 하신 이에게 감사하라. 그 인자하심이 영원함이로다." "질병을 주신 이에게 감사하라. 그 인자하심이 영원함이로다."

저는 제 병이 나쁘다고 여기지 않습니다. 이것으로 인해 겸손할 수 있고, 아픈 사람들을 이해할 수 있고, 또 열심히 살게 되니 참 감사합니다."

"날마다 건강하게 일할 수 있게 하신 이에게 감사하라. 그 인자하심이 영원함이로다."

몸이 건강해서 일하는 데 힘들지 않으니 감사하지요.

이렇게 추평교회 교우들의 시편은 날마다 늘어갈 것입니다.

(2005. 3. 17)

차라리 투정 부리는 것이 더 낫다

참으로 오랜만에 사례비를 제대로 받았다. 재무 집사님께 어떻게 된 일이냐고 물으니(그렇다. 어떻게 된 일인지 궁금하지 않을 수 없다. 그만한 헌금이 나올 수 없기 때문이다.) 어떤 권사님이 과수원을 팔아 받은 돈에서 감사 헌금으로 드린 것 같단다. 삶의 터전을 팔고도 감사 헌금을 드리다니! 빚이나 다 갚으셨는지….

아! 하나도 기쁘지 않다. 슬프다. 빚을 갚으려고 금쪽같이 아끼는 과수원을 파시다니…. 농부들의 땅은 돈이 아니다. 자본주의 계산에서 나오는 자본이 아니다. 그것은 삶의 터전이다.

그렇지 않아도 이웃 사람들이 도시 사람들에게 땅을 팔 때마다 속이 상했는데 이제는 교회 식구가 그랬다. 그리고 나는 터전을 팔아 헌금한 것을 사례비로 받았다. 마음이 아프다.

교우들이 삶의 터전을 판 돈으로 헌금한 것을 사례비로 받는 것보다 차라리 못 받고 투정을 부리는 것이 더 낫다. "여보세요, 하느님, 이래도 되는 겁니까?" (2005. 7. 2)

교회 학교 아이들을 유학 보내고

 아침 8시 30분, 다섯 명의 아이들과 교회 학교 선생님 네 명을 태우고 단강교회에 갔다. 단강교회에서 열리는 여름 성경 학교에 사흘 동안 유학(?)을 보낸 것이다.

지난해에는 몇 명의 아이들을 태우고 영월 별마루 관측소와 장릉, 곤충 박물관을 돌아보고 오는 것으로 여름 성경 학교를 대신했었다. 올해는 아이들이 더 줄었다. 내년에는 이마저도 할 수 있을지 모르겠다.

점심 무렵, 궁금해서 전화를 했다. 잘 어울리고 있단다. 어떤 녀석들은 벌써 친구가 된 듯 하단다. 잘 된 일이다. 세상이란 그렇게 어울려 배우며 사는 것이다. 짧은 기간이지만 아이들이 오랫동안 마음에 간직할 수 있는 작은 것 하나라도 얻을 수 있다면 좋다.

오늘도, 내일도 무더위는 계속된단다. 가르치는 이들도 배우는 이들도 힘들겠지만 잘 해내리라! (2005. 8. 4)

이 시대의 모퉁이돌

얼마 전 덜덜거리던 친교실 냉장고가 고장이 났다. 6월 임원회의에서 의논을 할 생각이었는데 깜빡 잊고 그냥 회의를 마쳤다.

저녁 기도회 때가 되어서 지나가는 말로 "친교실 냉장고가 고장이 났습니다. 낮에 임원회의를 하면서 의논하려고 했었는데 깜빡 잊고 의논하지 못했습니다. 임원들께서는 어떻게 하면 좋을지 생각해 두세요." 하고는 또 잊고 지냈다.

오늘 새 냉장고가 왔다. 어떻게 된 사연인지 몰라 이리저리 물었더니 이호섭 권사님과 이기순 권사님이 며칠 전에 시내에 가서 주문하고 오셨단다.

그런데 무슨 냉장고를 이렇게 큰 것을 샀담! 520리터. 한여름이면 더위에 절절매는 목사, 냉장고 속에 들어가 더위도 식히라는 것일까?

냉장고가 왔다는 소식을 듣고 이호섭 권사님이 내려오셨다. 어떻게 된 것이냐고 여쭈었더니 냉장고를 새로 사려고 지난해 가을부터 한나여선교회에서 회비를 모으기 시작하셨단다.

권사님들을 보면 '뭐 이렇게 큰 것을 사셨느냐?' 고 한마디 하려던 마음이 쑥 들어갔다. 한나여선교회, 대개 70을 바라보는 농촌 노인들! 그분들이 주머니를 열어 한 푼, 두 푼 모아 교회 살림을 장만하셨는데 뭘 못마땅하게 여겨 군소리를 할 수 있단 말인가?

통계청 자료에 보면 2004년 기준으로 농촌 인구 가운데 가장 많은 연령대가 65세에서 69세로 나와 있다. 도시와 공직과 회사에서는 밀려나고도 남을 연령대에 속하지만 이분들은 농촌에서는 없어서는 안 될 농촌 지킴이이고, 교회에서도 역시 중추가 되는 분들이다. 이분들이 계셔서 농촌도, 농촌 교회도 지탱될 뿐만 아니라, 이 사회의 한 모퉁이가 무너지지 않고 있다. 세상은 자본만으로 유지될 수 없다. 힘만으로 유지될 수도 없다. 사람이 있어야 지탱될 수 있는데 그것도 젊은이들만의 힘으로 되는 것이 아니다. 오랜 세월, 삶의 풍파에 시달려 몸도 마음도 지쳐 아무 힘도 남아 있을 것 같지 않은 허리 굽어가는 분들이 있어 사회는 지탱된다.

어찌 이분들뿐이랴? 이 시대에 삶의 질곡 속에 깊이 뿌리를 내리고 고난 찬 삶을 살아가는 분들이 있어서 이 사회는 역사의 한 페이지를 채울 수 있는 것이다. (2005. 7. 2)

감자 값

주일 예배를 마치고 골방으로 들어오는데 이호섭 권사님이 문 앞에서 서성대시다가 뭔가 쥔 손을 내미신다.

"목사님 이거…"

"그게 뭔데요?"

"아니 무슨 돈을 그렇게 많이 주셔요?"

아하, 감자 값. 감자 값이 너무 싸다. 너무 싸서 창고에 쌓아두고 있다. 장마철을 맞아 썩는 녀석들이 생긴다. 그래도 조금이나마 값이 오를까 싶어 속 썩듯이 썩는 감자를 보며 하루하루 기다리고 있다. 그러나 살림을 위해선 얼마간의 돈이라도 있어야 하는데 돈 될 것을 쌓아두고 농협 빚을 내기도 마음이 선뜻 내키지 않는다. 이 권사님도 다르지 않다.

감자 값 싼 덕에 이 권사님께 몇 상자 부탁하여 벗들에게 보내고 감자 값을 드렸는데 권사님이 생각하시기에 너무 많이 받았다고 생각되어 얼마를 다시 내게 돌려주시려는 것이었다.

"됐어요. 권사님, 그게 제가 권사님을 대접해 드리는 겁니다. 녀석들을 애써 가꾼 권사님의 수고를 시장(市場)도 알아주지 않고, 사람들도 알아주지 않아서 저라도 권사님을 대접해 드리고 싶은 겁니다. 그러니 그냥 받아두세요."

　목사의 말을 듣던 권사님, 잠시 머뭇하시더니 아셨다는 듯이 돌아가셨다.

　농부들의 수고를 돈으로 계산할 수 없겠지만 어차피 모든 가치가 돈으로 계산되는 자본주의 세계에서 하늘과 땅과 더불어 농부들이 가꾼 먹을거리가 제 값을 받을 수 있으면 얼마나 좋겠는가?

　(2005. 7. 25)

베트남에서 온 새댁

지난 주일, 예배를 집례하는데 최태옥 교우님 옆에 여인이라고 하기에는 어려 보이는 낯선 이가 앉아 있었습니다. 잠시 뒤 집사님 한 분이 전해 주시는 쪽지를 보니 최태옥 교우님의 막내며느리였습니다. 아하! 지난 봄, 막내아들이 베트남에 가서 결혼식을 하였다더니….

예배를 드리고 친교실로 들어오라고 하여 잠깐 얘기를 나눴습니다. 이제 나이 19세, 종이에 한글로 적은 이름은 밤티투바(베트남 이름을 어떻게 적는지 몰라 붙여 썼습니다.)

이 땅의 아이들로 치면 지금 한창 대학에 가는 문제로 머리를 싸매고 고민할 나이에 멀고 먼 땅으로 시집을 온 새댁. 가슴에 찡한 아픔이 밀려왔습니다. 나라꼴이 어떻길래 저렇게 어린 나이에 낯설고 물선 나라로 시집을 와야 할까?

아, 그러고 보니 이전에 이 땅의 어린 딸들도 그렇게 이국 땅으로 남편을 따라간 이들이 적지 않았습니다.

뭐라고 할 말이 없어 마침 함께 예배에 왔던 최태옥 교우님의 큰

사위께 당부의 말씀을 드렸습니다.

"우리는 베트남에 큰 죄를 지은 나라입니다. 어쩌면 그 나라 사람들이 이 땅에 시집을 온 것은 우리가 지은 죄를 갚을 수 있는 기회일 수 있습니다. 잘 하시겠지만 제가 목사로서 부탁드립니다. 온 식구들이 친절하게 사랑으로 대해 주세요. 그래서 이 땅의 사람으로 삶의 뿌리를 잘 내리고 살도록 도와주세요."

베트남의 결혼 풍속 때문에 그런지 어떤지 모르지만 이제 밤티투바는 한국 이름을 가져야 한다고 합니다.

저는 이 앳된 새댁을 위해 예쁜 이름을 지어야겠습니다.

(2005. 9. 1)

지금까지
살아 있는 게 기적이에요

이른 아침부터 비가 내렸습니다. 엊그제부터 벼 베기를 시작했는데 이런 때 내리는 비는 농부들에게는 달갑지 않은 비입니다. 그래도 어찌합니까? 그저 속만 태우면서 바람만 불지 않기를 바라는 마음입니다.

비가 오는 날이면 농부들도 어쩔 수 없이 쉴 수밖에 없습니다. 금요일인지라 속장님에게 전화를 했습니다. 일을 못하시면 낮에 속회를 하는 것이 어떻겠느냐는. 속장님은 알아보고 전화를 해 주시겠다고 하셨습니다. 그리고 조금 뒤 낮 세 시에 속회를 하겠다고 하셨습니다.

저수지 뒷마을에 사시는 김 집사님 집에서 속회를 마치고 감이며, 배며, 집사님이 준비하신 열매를 먹는데 유 집사님이 입을 여십니다.

"아유, 정말 힘들어유."

유 집사님이 내민 손은 마디마디 휘어 갈퀴 같았습니다.

"이만하기가 다행이에요. 뽕나무밭도 없이, 산뽕으로 누에를 기른 게 열여덟 해, 나무를 해다 불을 지피고 산 것도 그에 못지않아요. 지금까지 이렇게 살아 있는 게 기적인 걸요."

오늘은 속회를 하러 갔다가 기적 같은 삶의 이야기를 들었습니다. 이야기를 들으면서 늘 나는 묵묵부답입니다. 무슨 할 말이 있겠습니까?

속회를 마치고 돌아오는 길, 유 집사님을 집 앞에 내려드리고 돌아오는 길에 추적추적 쉬지 않고 가을비가 내렸습니다. ❀

(2005. 10. 8)

오고 싶은 교회

아직 누리에 햇살이 퍼지기 전 안개가 걷히지 않은 이른 아침이었습니다. 골방에서 주보를 마무리하고 있는데 전화벨이 울렸습니다. 이 시간에 누구일까 궁금했지만 수화기를 들자마자 고막을 흔드는 목소리가 궁금한 마음을 순식간에 날려 보냈습니다.

"목사님 저 도훈인데요, 어제 할머니 집에 왔어요. 오늘 예배당에 가려고 하는데 차가 오나요?"

도훈이는 지난여름, 방학이 끝날 무렵 청주로 전학을 갔습니다. 그동안 할머니 집에서 자라다가 아빠가 있는 곳으로 간 것입니다.

전학을 가고 난 뒤 도훈이 할머니네가 사시는 집 앞을 지날 때마다 녀석들이 잘 있을까 궁금했는데 전화기를 통해 들려오는 목소리를 들으니 여간 반갑지 않았습니다.

한참 뒤 도훈이는 동생 도연이와 사촌동생을 데리고 교회 차로 예배당에 왔고, 교회 학교 선생님도, 아이들도 모두 반가이 맞았습니다. 친교실에 둘러앉아 부르는 찬송 소리도, 성경을 읽는 소리도 한층 더 맑았습니다.

예배당 작은 뜰에 서서 아이들의 예배하는 소리를 들으면서 잠시 생각했습니다.

"그렇구나. 저렇게 오고 싶은 교회이면 좋겠구나!" (2005. 10. 9)

더 얻을 것도 더 누릴 것도 없는 삶

추평교회 쉰한 돌 생일

지난 주일(17일)은 추평교회 쉰한 돌 생일이었습니다. 바쁜 철이라 많은 교우들이 예배에 참석하지 못하여서 서운하였지만 도시에 나가 있는 선호, 희범, 은희, 그리고 군생활 하다 휴가 나온 보람이가 함께하였습니다.

예배에 참석한 교우들은 기쁨 가득한 마음으로 예배하고, 생일 케이크를 잘랐습니다. 이번 생일 케이크는 김은옥 집사님의 남편이신 조재길 형제님께서 큼직한 것으로 선물하셔서 푸짐하였습니다. 생일 케이크를 자른 뒤 기념사진을 찍고 백설기와 칼국수로 점심을 나눴습니다. 이웃에 사시는 어 씨 할아버지도 함께 참석하셨습니다.

이날, 교우들은 51년 동안 신앙의 뿌리로 교회를 이루어 오신 방노선 집사님을 존경하는 마음을 모아 명예 권사로 추대하였습니다.

이 시골 마을에 교회가 이루어지고 51년을 지내오는 동안 많은 이들이 예수를 배웠고 또 앞으로도 예수를 배우며 하느님 나라를 이루는 교회이길 희망하고 있습니다. (2005. 4. 22)

남쪽으로 흐르는 원곡천, 한 바위 밑 전 목사의 기도처가 있다(전생수 사진)

산머리 들머리 길을 따라 수도하는 신앙

부산으로 가려면 부산으로 가는 길에 있으면 되고,
서울로 가려면 서울로 가는 길에 있으면 된다.
그러면 방향은 저절로 결정된다.
예수는 우리에게 방향을 가르쳐주지 않으셨다.
"나는 길이다"라고 하심으로 길을 가르쳐주셨다.
방향을 찾으려고 분주한 사람들이여,
그 얽히고설킨 길에서 헤매지 말고 길을 얻어 그 길에 있으라.

* 전생수 목사가 '산머리 들머리 교회 살림' 카페(http://cafe.daum.net/sanheaddlehead)에 게시한 영성을 담은 '묵상'(131~146쪽)과 감명 깊은 한 구절에 덧붙인 '한 말씀'(147~156쪽), 5편의 '설교'(157~173쪽)를 담았다.

더 얻을 것도 더 누릴 것도 없는 삶

마음 모아 들길 걷기

들길을 걷습니다. 방안에 가만히 있다가 밖으로 나와 햇살을 받습니다. 바람을 쐽니다. 눈을 엽니다. 나무를 봅니다. 앙상한 나뭇가지 사이에서 지절대는 새를 봅니다. 잔잔히 흐르는 개울물이 햇빛을 받아 반짝이는 작은 물결을 봅니다. 귀를 엽니다. 바람이 스치고 지나가는 소리를 듣습니다. 돌돌 흐르는 물소리를 듣습니다. 내 발자국 소리를 듣습니다. 내 발자국 소리에 놀라 날아가는 새의 날갯짓 소리를 듣습니다. 멀리서 볏짚을 묶는 기계 소리, 산에서 나무를 베는 기계톱 소리, 건넛마을 개 짖는 소리를 듣습니다.

얼마를 걷다가 마음을 모읍니다. 한 발자국, 한 발자국 내 발걸음에 마음을 모읍니다. 밖을 향해 열었던 눈이 닫힙니다. 아무것도 보이지 않습니다. 밖을 향해 열었던 귀가 닫힙니다. 아무 소리도 들리지 않습니다. 저벅저벅 내 발자국 소리만 들리다가 마침내 아무 소리도 들리지 않습니다.

들길은 내게 그저 들길입니다. 들길은 내게 들길만이 아닙니다. ✺

겸허함

성서는 우리에게 예수께서 지니셨던 마음을 간직하라고 말씀하십니다. 예수는 하느님과 본질이 같은 분이셨지만 굳이 하느님과 동등한 존재가 되려 하지 않으셨습니다. 오히려 당신의 것을 다 내려놓고 종의 신분을 취하셨고 당신 자신을 낮추셨습니다.(빌 2:6~8)

겸허란 비움입니다. 자기 부정입니다. 예수는 "나를 따르려는 사람은 누구든지 자기를 버리고 제 십자가를 지고 따라야 한다."(마 16:24)고 가르치셨습니다.

예수는 우리에게 낮은 자리에 앉으라고 가르치셨습니다. 그렇게 가르치신 예수는 "나는 … 겸손하다.(마 11:29)"고 말씀하셨습니다. 예수는 자신을 비워 진리로 채우셨습니다.

경험과 지식과 전통과 관습을 버리십시오.

겸허란 낮아지는 것입니다. 물은 낮은 곳으로 흘러 바다가 되어 뭇 생명들의 품이 됩니다.

오늘 신앙인들이 품이 되지 못하고 교회가 품이 되지 못하는 것은 겸허하지 못하기 때문입니다.

"겸허하라. 진리 앞에서 겸허하라. 우리가 아는 것이란 자랑할 만한 것이 못 되며 우리가 할 수 있는 일이란 대수롭지 않은 것들뿐이다. 겸허하라, 하느님 앞에서 겸허하라!" ✽

순명(順命)

예수는 십자가에 달려 죽기까지 순종하셨습니다(빌 2:8). 예수는 하늘 아버지의 명을 따라 사는 것이 유일한 삶의 의미였습니다(요 4:34). 예수께서 하시는 말씀은 하늘 아버지께서 예수 안에서 말씀하시는 것이었고, 예수의 행동은 하늘 아버지가 예수 안에서 활동하시는 것이었고, 예수의 마음은 하늘 아버지의 마음 그 자체였습니다.

기독론을 말하려는 것이 아닙니다. 그렇게 예수는 자신의 삶 전체로 하늘 아버지의 뜻을 따랐다는 것을 밝히려는 것입니다.

오늘 우리 앞에 예수는 없습니다. 오해하지 마십시오. 눈으로 볼 수 있는 모양이 없다는 뜻입니다. 그러므로 오늘 예수는 우리에게 이래라저래라 말씀하지 않으십니다. 그럼 어떻게 그분의 말씀에 순종할 수 있겠습니까? 성서로 돌아가십시오. 성서로 돌아가서 예수의 가르침을 모셔 들이십시오. 말씀(성서) 따로, 신앙 따로, 사는 것 따로 따로! 이렇게 해서는 안 됩니다.

"가난한 사람이 복이 있다."고 가르치셨다면 정말 가난한 것이 복된 줄 믿으며 가난하게 살아야 합니다. "옳은 일을 하다가 박해를 받는 사람은 행복하다."고 가르치셨으면 고난을 겪으면서도 옳은 길을 가야 합니다. "너희는 먼저 하느님의 나라와 하느님께서 의롭게 여기시는 것을 구하여라."고 가르치셨으면 자신을 위해 살던 삶을 하느님의 나라를 위한 삶으로 바꾸어야 합니다.

섬김

"나는 섬김을 받으러 온 것이 아니라 섬기러 왔다."고 하신 분이 예수이십니다.

우리가 교회 공동체를 이루는 것은 예배를 위함이기도 하지만 서로 섬기기 위함입니다. 감리교 교리적 선언에서는 이렇게 고백합니다. "우리는 예배와 봉사를 목적으로 단결한 교회를 믿으며."

섬김은 해도 되고 안 해도 되는 것이 아니라 신앙의 참 모습입니다. 살아 있는 신앙은 섬김의 삶을 살게 됩니다. 예수의 가르침의 핵심인 '사랑'은 추상적인 감정이 아닙니다. 사랑은 섬김을 통해 나타납니다.

섬김은 서로 사는 상생의 길입니다. 목숨을 부지하기 위한 삶이 아닌 참 삶을 위한 길이 바로 섬김입니다. 위대한 복음 전도자 바울 사도는 이렇게 말합니다.

"마음 같아서는 이 세상을 떠나서 그리스도와 함께 살고 싶습니다. 또 그 편이 훨씬 낫겠습니다. 그러나 여러분을 위해서는 내가 이 세상에 더 살아 있어야 하겠습니다."(빌 1:23~24)

그는 자신이 이 세상에 존재하는 이유가 다른 누구에겐가 도움이 되기 위함이라는 것을 확신합니다. 그것이 바로 섬김입니다.

동양의 늙은이는 이렇게 깨우쳐줍니다. "큰 나라는 작은 나라를 섬겨 작은 나라를 얻고, 작은 나라는 큰 나라를 섬겨 큰 나라를 얻는다."

강자가 약자를 억압하고, 약자는 강자에게 억눌리는 지배의 논리가 이 세상의 질서를 만들어간다면 진리의 세계에서는 억압하는 자도 없고, 눌리는 자도 없이 서로가 서로를 얻어 함께 사는 길이 있다고 가르칩니다.

오늘 우리가 사는 세상이 참으로 살아볼 만한 세상이라는 생각을 할 수 없게 된 까닭은 섬김이 없기 때문입니다. 서로 우위에 서려고 경쟁만 하기 때문입니다. 사람들은 자연계의 질서를 약육강식(弱肉强食)이라고 말하지만 그들은 서로 살리며 살아갑니다. 사자는 먹이로 삼는 동물 가운데 약한 녀석을 먹이로 삼고, 먹이가 되는 동물은 강한 녀석들이 남아 자신들의 종족을 번식시켜 갑니다. 약육강식의 질서는 이제 인간 세계 속에만 존재합니다. 미국이 아프가니스탄과 이라크를 침공한 것이 그것을 잘 보여주고 있습니다.

강한 자가 약한 자를 지배하고, 힘 있는 자가 힘 없는 자를 억압하는 세계는 오래 가지 못합니다. 이웃을 사랑할 줄 모르고 자신의 이익과 배만 위해서 사는 사회에 평화와 안정과 즐거움이 있을 수 없습니다. 그래서 영원한 하느님의 나라는 '섬김'을 통해서만 이루어질 수 있는 나라입니다. 섬김은 하느님 나라를 위해 예수께서 우리 가운데 세우신 새로운 질서입니다.

우리가 함께 이루어가는 교회는 섬김의 훈련을 위한 좋은 '자리'입니다. 교회 안에서 섬김의 삶을 잘 익혀서 세상 가운데 나아가서 이웃을 섬기는 삶으로 이어져야 할 것입니다.

깨어 있음

 "또 내가 아무것도 내 마음대로 하지 않고 아버지께서 가르쳐주신 것만 말하고 있다는 것도 알게 될 것이다.(요 8:28)" 예수는 당신 자신이 무슨 말을 하고 있는지 잘 알고 계셨습니다.

 "나를 보내신 분은 나와 함께 계시고 나를 혼자 버려두시지는 않는다. 나는 언제나 아버지께서 기뻐하시는 일을 하기 때문이다.(요 8:29)" 예수는 당신이 하시는 일이 무엇인지를 잘 알고 계셨습니다.

 "이것은 내 장례일을 위하여 하는 일이니 이 여자 일에 참견하지 말라.(요 12:7)" 예수는 당신에게서 일어나는 상황을 잘 알고 계셨습니다.

 "하느님께서 사람의 아들로 말미암아 영광을 받으신다면 하느님께서도 몸소 사람의 아들에게 영광을 주실 것이다.(요 13:32)" 예수는 당신에게 일어나는 일 속에 무슨 뜻이 담겨 있는지 잘 알고 계셨습니다.

 "내 왕국은 이 세상 것이 아니다.(요 18:36)" 예수는 그 상황과 뜻에 어떻게 응답하여야 하는지 잘 알고 계셨습니다.

 "깨어 있으라." 겟세마네에서 기도하시던 예수께서 제자들을 일깨워주신 말씀입니다.

 길을 가고 있거든 길을 가는 자신을 보십시오. 설거지를 하고 있다면 설거지를 하고 있는 자신을 보십시오. 분노를 품고 있다면 분노하고 있는 자신을 보십시오. 말을 하고 있다면 자신이 무슨 말을 하고 있는지 놓치지 마십시오. 그대에게서 무슨 일이 일어나고 있는지 놓치지 마십시오. 그리고 그 일이 그대에게 무엇인지 깨달으십시오. 그리고 그대 반응을 놓치지 마십시오.

마음 다함

길을 걷는다. 한 발자국, 한 발자국 발걸음을 옮길 때마다 마음을 다한다. 설거지를 한다. 큰 그릇, 작은 그릇 하나를 닦는 데 마음을 다 기울인다. 무엇을 하든 그 일에 마음을 다한다. 수도하는 사람은 한 번에 두 가지를 하지 않는다. 밥을 먹으면서 신문을 보지 않는다. 밥을 먹으면서 텔레비전을 보지 않는다. 일을 하면서 돈을 생각하지 않는다. 예수는 우리에게 이렇게 가르치셨다. "네 마음을 다하고, 목숨을 다하고, 뜻을 다하여 주님이신 너희 하느님을 사랑하라. 이것이 가장 크고 첫째 가는 계명이고, 네 이웃을 네 몸 같이 사랑하라 한 둘째 계명도 이에 못지않게 중요하다. 이 두 계명이 모든 율법과 예언서의 골자이다."(마 22:37~40)

마음을 다하고, 목숨을 다하고, 뜻을 다하여…. 갈라지지 않은 마음이다. 나누어지지 않은 마음이다. 오롯한 마음이다.

오늘의 교회가 잃어버린 전통 가운데 한 가지, '하느님 안에서 모든 것을 한다.' 어떤 장소이든 그곳은 하느님이 계신 곳이고, 무슨 일을 하든 친히 듣고 보시는 하느님 앞에서 한다는 마음! 이것이 마음 다함이다.

나는?

"우기청호(雨奇晴好)"

비 온 뒤, 날은 맑고 산과 들은 더욱 푸르다.

뜰에 섰다. 맑은 햇살이 쏟아져 내린다. 마당가에 핀 라일락이 시들어가면서도 향기를 풍긴다. 좁은 마당을 채우기에 모자라지 않다. 어디서 검은 호랑나비 한 마리가 날아와 향기에 취한다. 꿀도 한 모금 빨아 먹겠지.

추평 저수지 둑에 서서 물 위를 바라본다. 바람이 지나가자 물결이 인다. 잔잔했던 수면이 금방 물결로 가득하다. 물이 있어 물결이 인다는 것을 모르는 사람은 없다. 저 높고 낮은 물결이 모두 물에서 일어나는 작은 현상이다. 한 근원에서 일어나는 현상이거늘 높으냐 낮으냐를 따진다는 것은 얼마나 어리석은 짓인가?

저수지 위쪽 물은 흐리고, 아래쪽 물은 맑다. 물결이 일어 흐린 물과 맑은 물을 섞어 놓는다. 한참 물결이 일고 나면 흐린 곳도 맑은 곳도 없다. 서로 섞이고 섞여 '대동'이 되는 셈이다.

그뿐이겠는가? 물결이 일어 한 곳에 뭉쳐 있던 먹이가 이리저리 흩어지겠지. 그러면 붕어며 잉어며 빙어들이 이리저리 헤매고 다니지 않아도 쉽게 먹이를 얻을 수 있으려니!

나는 누구인가? 물결이다. 내가 행복하면 내게서 좋은 기운이 흘러나와 이 사람 저 사람에게로 퍼질 것이다. 내가 우울하면 내게서 좋지 않은 기운이 흘러나와 이 사람 저 사람에게로 옮겨갈 것이다.

물결이 한 곳에서만 일지 않듯이 사람이 지닌 기운 또한 한 곳에만 머물지 않는다. 선을 행하려고 애쓰지 말고 그저 선의 근원으로 돌아가라. 향기를 풍기려 하지 말고 그저 향기의 근원으로 들어가라.

걷기

예배 전부터 몇 방울씩 떨어지던 비, 하늘이 컴컴하여 꽤 내릴 것 같더니 예배를 드리고 나니 그만 그친다. 찬양대와 점심을 먹고 청년 성서 공부를 할 시간.

오늘은 걷기 수행을 하기로 했다. 현민이는 집에 온 예비부부와 점심을 먹으러 가고, 한나는 일터가 있는 곳으로 돌아갈 준비를 하려고 빠지고, 주현이는 피곤해서 쉬러 집에 가고, 현우는 아파서 아예 예배에 못 오고…. 유미경 선생과 현정, 경윤, 그리고 고등학생인 선주와 정임이가 함께 걸었다.

걷는 것은 몸으로 익히는 성서 공부이다. 걷기 시작하기 전에 세 가지 공부 주제, 하나, 말하지 말 것. 하나, 얼마 정도는 오감을 다 열어 놓고 느낄 것. 하나, 그 다음부터는 마음을 모아 걸을 것.

한 100미터쯤이나 걸었을까? 뒤에서 말소리가 들린다. 말하지 말라고 다시 주의를 줄까? 아니지. 강제하는 것도 아닌데 돌아보지 않고 걷는다. 이따금 말소리는 계속 들리고, 밤밭 마을 앞까지 2킬로미터쯤 걸은 뒤 거기서 잠시 호흡을 모으고 다시 발길을 돌려 걷기 시작하는데 뒤에서 작은 비명 소리가 들린다. 돌아다볼까? 아니, 그냥 가자. 나의 도움이 필요하면 부르겠지. 이어 다시 좀 더 작은 비명 소리가 들리더니 조용하다. 괜찮은 모양이다.

한참을 걸어 징검다리 건너 바위 어우러진 곳에서 잠시 쉬며 이야기를 나눴다.

"정임아, 말하지 않았느냐?"

"아니오. 했어요."

"왜 했느냐?"

"…"

"네가 말한 것을 잘못했다고 지적하려는 것이 아니라 그 이유를 들으려고 묻는 것이다."

"그냥요.…"

"현정이는?"

"저도 했어요."

"왜 했느냐?"

"친구들과 모이면 쉬지 않고 말하던 버릇이 있었는데, 조용히 걸으려니까 이상했어요."

"경윤이는?"

"저도 했어요."

"왜?"

"말하지 않고 걸으려니까…."

"선주는?"

"저도 했어요."

"왜?"

"이렇게 좋은 자연 속을 걸으면서 즐거워서 말했어요."

"이 녀석아, 그게 좋아서 한 것이냐? 오염시킨 것이지."(모두 웃음)

"걸으면서 무엇을 보고 들었느냐?"
"나비, 꽃을 보았고, 새소리, 물소리를 들었어요."
"바람을 느껴보았느냐?"
"예."
"어떻더냐?"
"뭐랄까, 시원했어요."

"그랬구나. 그래. 바람은 시원하지. 그런데 그냥 시원한 게 아니라 아주…, 뭐랄까? 상큼하달까? 그렇지. 성서에 보면 예수께서 '바람이 임의로 부는데 어디로 와서 어디로 가는지 모르는 것처럼 성령으로 거듭난 사람도 이와 같다.'고 말씀하셨는데, 이를테면 우리들의 마음이 시원할 뿐만 아니라 상큼하고 맑은 혼으로 변화되어 어디에도 얽매이지 않게 되는 것이 성령을 받은 것이라고 이해해 보렴. 자, 다시 느껴보자. 여기서부터 다시 두 가지를 느껴보자. 이번에는 정말 말하지 말고 걸어보자. 그리고 걷는 동안 저 옆길로 지나가는 자동차 소리를 듣게 될 것이다. 자동차 소리를 들을 때의 느낌과 물소리 바람 소리를 들을 때 내가 어떻게 반응하는지 보면서 걷자."

다시 걷기 시작하는데 이번에는 조용하다. 발자국 소리만 들린다. 작은 웅덩이 옆 시멘트 콘크리트 바닥에 주저앉아 정리한다.

"현정이, 이번에도 말했느냐?"

"아니오."

"경윤이는?"

"아니오."

"선주는?"

"아니오."

"말없이 걸으니 지루하더냐?"

"아니오."

"차 소리를 들을 때와 물소리, 바람 소리를 들을 때의 느낌이 어떻더냐?"

"차 소리가 들릴 때는 왠지 마음이 편안하지 않게 느꼈는데 물소리, 바람 소리는 편안하게 해 주었어요."

"됐다."

오늘 우리의 몸으로 배우는 성서는 이렇게 마쳤다. 그리고 걷기 수행의 시작이기도 하다.(물론 지난해 이맘 때 한번 시도하기는 했었지만.) 앞으로 한 달에 한 번 정도, 우리는 이렇게 걸으면서 하느님을 몸으로 만나는 수련을 하게 될 것이다. ✳

눈으로 볼 수 없는 세계가 더 큽니다

냇둑을 걷다가 아카시아나무에서 들리는 쓰르라미 소리에 걸음을 멈추고 나무줄기에서 가지 사이사이로, 이리저리 발을 옮기면서 살펴보았지만 녀석은 보이지 않았습니다. 녀석이 소리를 멈출 때까지 나는 결국 녀석의 모습을 보지 못하고 길을 가야 했습니다.

그때 문득 제 안에 계신 분께서 한 말씀 주셨습니다.
"눈으로 볼 수 있는 것이 모두는 아니다."
그랬습니다. 눈으로 볼 수 있는 것이 전부는 아니었습니다. 눈으로 볼 수 없는 세계가 더 넓고 큽니다.
성서는 깨우칩니다. "우리는 믿음이 있으므로 이 세상이 하느님의 말씀으로 창조되었다는 것, 곧 우리의 눈에 보이는 것이 보이지 않는 것에서 나왔다는 것을 압니다.(히 11:3)" 도덕경은 이렇게 깨우칩니다. "이름 할 수 없는 것에서 천지가 시작되었다."(도덕경 1장)
화엄 세계 속에는 서너 사람이 앉을 수 있는 큰 연꽃이 있는데 이 연꽃은 꽃잎 하나마다 1천 개의 연꽃을 담고 있다고 합니다. 그리고 그 1천 개의 연꽃 이파리마다 또 1천 개의 연꽃이 들어 있고… 있고… 있고… 그렇다고 하니 보이지 않는 세계의 무량함이란 말로 다 할 수 없는 세계입니다.

그러나 오늘 우리가 살고 있는 이 시대의 눈은 보이지 않는 것을 보려고 하지도 않고, 믿으려고 하지도 않고, 인정하지도 않으려 합니다. 그래서 마음도 잃고, 사랑도 잃고, 눈으로 볼 수 없는 소중한 것들을 모두 잃어버리고 맙니다.

성서는 우리에게 이렇게 깨우칩니다.

"우리는 이 희망으로 구원을 받았습니다. 눈에 보이는 것을 바라는 것은 희망이 아닙니다. 눈에 보이는 것을 누가 바라겠습니까? 우리는 보이지 않는 것을 바라기에 참고 기다릴 따름입니다."(롬 8:24~25)

눈으로 볼 수 없다 하여 없는 것이 아니며 귀로 들을 수 없다 하여 없는 것이 아닙니다.

오히려 눈으로 볼 수 없고 귀로 들을 수 없는 세계가 더 크고 넓습니다. 이것이 하느님께서 지으신 세계입니다.

인간은 무엇을 먹고 사는가?

"인간은 자기 앞의 신비스러움을 먹으면서 세상을 사는 법이다."
- 톰 브라운의 「숲에서 만난 발자국」 중에서

톨스토이는 그의 작품 '사람은 무엇으로 사는가?'에서 사람은 사랑을 먹고 사는 존재라고 넌지시 말합니다.

예수는 "나는 나를 보내신 분의 뜻을 이루고 그분의 일을 완성하는 것"으로 산다고 하셨습니다.

'뒤를 밟는 늑대'라는 이름을 지닌 인디언 추적자에게서 동물들의 발자국을 추적하는 가르침을 받은 저자는 "인간은 신비스러움을 먹으면서 세상을 산다."고 말합니다.

로또 복권 1등에 당첨되는 것만이 기적이라고 여기는 이들에게 다른 무슨 신비가 있기나 한 것인지요?

신비를 잃어버리는 바람에 사는 모습도 신비롭지 않습니다.

'인'과 '의'

孟子見梁惠王, 王曰叟不遠千里而來, 亦將有以利吾國乎. 孟子對曰王何必曰利, 亦有仁義而已矣. ; 맹자께서 양혜 왕을 보시자 왕이 말했다. "늙은이(지혜자를 높이는 말)께서 천리를 멀다 아니하시고 오셨으니, 장차 내 나라를 이롭게 할 '무엇'이 있으십니까?" 맹자께서 대답하셨다. "왕은 하필이면 '이로움'을 말씀하십니까? '인'과 '의'가 있을 뿐입니다."

― 「맹자」 '양혜 왕' 편 제1장

맹자가 양혜 왕을 찾았다. 위나라 제후였던 양혜 왕은 중국 '춘추 전국 시대' 중기에 제후들 가운데 제일 먼저 스스로 왕이 된 사람이다. 본래 제후들이란 영토 다툼을 하지 않는다. 그러나 서로 제 영역을 넓히려는 야심을 품다 보니 그런 따위는 따질 필요 없다. 땅이 넓고 힘만 있으면 왕인들 못하며 천자인들 못하겠는가? 양혜 왕도 그런 야심을 품은 사람이었는지라 세상에 지혜 있다는 사람들을 초청하여 '한 말씀' 듣곤 하였다. 그것은 물론 정치나 사람의 본바탕에 대한 지혜를 얻으려기보다는 어떻게 하면 이 난세에 세상을 자신의 손아귀에 넣을 수 있을까 하는 방법을 찾으려는 데 있을 뿐이다.

그가 맹자의 소문을 들었을 것이다. 어찌 놔둘 수 있으랴! 양혜 왕은 서둘러 맹자를 초청하였다. 맹자가 양혜 왕의 초청을 받고 금방 몸을 움직였는지 어떤지는 모르겠다. 다만 먼 길(천리 길)을 왔다. 그

먼 길이란 추(鄒)에서 양(梁)까지, 지금의 중국 산동성에서 하남성까지의 길이다.

맹자가 도착하자 왕은 맹자에게서 자신이 천하를 통일할 수 있는 방편을 얻을 수 있길 바라지만 맹자의 대답은 싸늘하다. 군주가 천하를 얻는 길은 '인'과 '의' 뿐인데 왕은 어찌하여 '이'를 따지느냐는 것이다.

기어이 이 땅에서 공사를 하러 이라크에 갔던 사람들이 희생되었다. 세계도 놀랐고 이 땅도 놀랐다. 이라크에 군대를 보내기로 한 결정을 철회해야 한다는 여론이 높게 일고 있다. 그래도 정부에서는 한번 결정한 것을 철회할 수는 없다는 입장이다. 그러면서 대통령은 "결코 용서할 수 없다."고 했다.

용서할 수 없으면 어떻게 하겠다는 건가? 또 누가 누구를 용서하고 못하고 할 수 있단 말인가? 우리가 테러를 당했다고 분노한다면 저들의 분노도 당연한 것이다. 저들은 아예 침략을 당했으니까. 테러를 한 사람들을 옹호하려는 것은 아니다. 왜 미국이 이라크 사람들을 죽이는 데는 분노하지 않으면서 저들이 스스로를 지키려고 방어하는 수단으로 쓰는 테러에는 분노하는가? 우리가 테러에 분노하려면 파병을 결정하지 말았어야 했다. 그리고 지금도 늦지 않았다. 파병 결정을 철회해야 한다.

파병 문제가 처음 불거졌을 때부터 나온 문제이니 다시 떠올릴 필요조차 없는 얘기지만 왜 파병을 하는가? 파병이 정당하지 않다고 외치는 목소리가 더 클 뿐만 아니라 그 주장이 헌법과 상식과 이치에 맞는데 굳이 파병하려는 까닭이 무언가? 정부도, 파병 지지자들도 모두 '국익'을 위해서란다.

미국이라는 나라가 이라크를 침공한 것도 그들의 '국익'을 위한 것이었다. 양혜 왕이 천하 통일의 야욕을 위해 제 나라의 이익을 찾았던 것처럼 부시도 세계에 미국의 영역을 확장하려는 야욕을 품고 제 나라의 이익을 위해 이라크를 침공하였다. 그런데 도대체 '나라'라는 게 무엇인가? 이게 모두 허구의 울타리다. 이 허구의 울타리에 싸여 네 나라 내 나라 하면서 싸운다. 다 한 땅덩어리에 살면서 말이다. 참으로 어처구니없지 않은가? 그런데다가 '나라의 이익'이라니?

나는 그 국익이 무엇인지 알고 싶지 않다. 다만 2,300여 년 전에 "왜 하필이면 국익입니까?" 하고 물었던 맹자의 질책이 다시 떠오를 뿐이다. 세월이 지났어도 사람들의 생각은 하나도 바뀌지 않았다는 이 슬프고도 등골 서늘함!

왜 하필이면 '국익'인가? 생명과 평화가 있을 뿐인데!

하느님의 아름다움 속으로

　사람들은 묻지요. "전체가 하나님이라면, 그 하나님이 사람일 수는 없지 않는가?" 내 대답을 들어보시오. 비록 씨앗이 아직은 꽃을 보여주지 않지만, 바야흐로 꽃 안에서 씨앗은 절정에 이른다오. 그러므로 꽃은 이미 씨앗 속에 있는 것이오. 하나님을 한 인격체로 부르는 것은 의심할 나위 없이 잘못이지만, 그러나 하나님의 인격을 부인하는 것은 더 큰 잘못이지요. … 사람이 상상 속에서 하나님을 모든 아름다움의 하나님으로 모시는 것은 잘못이 아니오. 왜냐하면 바로 그 상상으로 말미암아 삶의 순간순간, 인간의 영혼을 찾으시는 신성한 이상에 가까이 더 가까이 이끌려가기 때문이오. … 자기 인격을 활짝 꽃 피워서 사람은 하나님의 인격을 표현하는 것이오.

　　― 이현주 번역 「숨겨진 보물을 찾아서」 중에서

신의 아름다움?
교회는 무엇을 하고 있지?
교리만 가르쳐서 사람을 마른 뼈처럼 만드는 데 열중이지.

하느님의 아름다움 속으로
하느님의 아름다움이 내 안으로
그래서 하나됨을 위하여…❋

둥지

집은 저택이 될 수도 있고 누옥이 될 수도 있고 천막이 될 수도 있고 움집이 될 수도 있다. 하지만 가정은 그곳에 사는 사람들의 마음에 사랑이 충만한 곳을 가리킨다.
 - 베어 하트의 「자연과 인생을 바라보는 인디언의 지혜」 중에서

'사랑이 충만한 곳'은 생명의 둥지다. 사람이 사는 곳은 어디나 생명의 둥지여야 한다.

나라도 사회도 교회도….

생명의 둥지는 화려해야만 되는 것은 아니다. 허술하게(?) 보이는 까치둥지에서 생명이 자라는 것을 보라.

사람 사는 곳은 어디나 품이어야 한다.

산머리 들머리 길을 따라

존재하는 모든 것은 형제요 자매다

"추위는 네 형제이니라. 그런데 너희들은 바람을 적으로 취급해 왔다."
— 톰 브라운의 「숲에서 만난 발자국」 중에서

'뒤를 밟는 늑대'라는 이름을 지닌 인디언 노인으로부터 동물들의 발자국을 추적하는 법을 배우던 톰에게 그의 스승이 깨우쳐준 가르침이다.

그는 스승의 가르침을 따라 눈보라가 치는 숲을 알몸으로 달렸지만 추위를 느끼지 못하였다고 회상한다.

추위뿐이겠는가?

'베어 하트'(Bear Heart)는 이렇게 말한다.

"나무는 우리의 친척이다. 우리는 나무를 가리켜 '서 있는 키 큰 형제'라고 얘기한다."

존재하는 모든 것을 우정으로 대할 때 우리는 평화를 얻을 수 있다.

우리에게 필요한 것은?

어떤 아이가 이상하게 태어날 때, 우리 부족은 그것이 특별한 은총이라고 얘기했다. 좋은 사람들은 관심을 보이게 마련이고 그럼으로써 사랑이 만들어지기 때문이다. 그것은 단순한 동정이 아니라 사랑이 되어야 한다. 그래야 그 아이는 이상한 모습을 지녔지만 훌륭한 사람으로 자랄 수 있다. 그래서 모두가 노력해서 아이뿐 아니라 그 가족까지 보살펴주었다.
– 베어 하트의 「인생과 자연을 바라보는 인디언의 지혜」 중에서

장애인!
손이나 발이나 눈이나 귀나 아니면 몸의 한 부분이 불편한 사람들에게 붙여진 이름이다.
장애란다.
무슨 장애란 말인가?
그의 몸 한 부분이 그 자신에게 장애란 말인가? 아니면 그가 사회의 장애란 말인가?
장애란 없다. 있다면 우리 모두가 장애다.
그리고 우리는 모두 조금, 또는 아주 많이 다른 사람의 도움이 있어야 산다. 우리에게 필요한 것은 따뜻한 마음을 품고 서로 바라보는 것이요, 서로 사랑하는 일이다. ✽

단 하나의 길

"신의 마음으로 이어지는 길은 하나밖에 없으며, 그것은 바로 영혼의 길이다. 그리고 우리는 그 길을 가려고 애를 쓴다. 사람들이 나에게 이렇게 얘기한다. '나는 이제 방향을 잃었습니다. 나는 내 인생에서 방향을 필요로 합니다.' 그러면 나는 이렇게 대답한다. '방향에 대해서 걱정하기 전에 우선 먼저 그 길에 있어야만 합니다.' 우리가 그 영혼의 길 위에 굳게 뿌리를 내리고 있을 때, 방향은 저절로 온다."

– 베어 하트의 「인생과 자연을 바라보는 인디언의 지혜」 중에서

부산으로 가려면 부산으로 가는 길에 있으면 되고, 서울로 가려면 서울로 가는 길에 있으면 된다. 그러면 방향은 저절로 결정된다. 방향을 찾는 것보다 길 위에 있는 것이 더 우선이고 가려고 하는 길 위에 있는 것이 방향을 찾는 것보다 훨씬 쉽다.

예수는 우리에게 방향을 가르쳐주지 않으셨다. "나는 길이다"라고 하심으로 길을 가르쳐주셨다. 방향을 찾으려고 분주한 사람들이여, 그 얽히고설킨 길에서 헤매지 말고 길을 얻어 그 길에 있으라. ✽

푸른 신앙

"예수께서 이 말씀을 마치시자 군중은 그의 가르치심을 듣고 놀랐다. 그 가르치시는 것이 율법학자들과는 달리 권위가 있기 때문이었다."(마 7:28~29)

예수의 가르침에 사람들이 놀랐다. 예수의 가르침이 율법학자들과 달리 권위가 있었기 때문이다. 권위란 사람들이 따르지 않으면 안 되는 절대적인 힘이다. 예수의 가르침은 사람들이 믿고 따라야 할 힘을 지닌 가르침이었다. '그의 가르침'이란 무엇인가? 그것은 우리가 흔히 산상 수훈 또는 산상 보훈이라고 하는 가르침이다. 그 가르침은 마태복음 5장에서 7장 속에 담긴 말씀이다. 그 가르침을 예수의 사람들은 '황금률'이라고 부른다. 그렇게 귀중하고, 아름답고, 보배로운 가르침이다.

이 가르침 가운데 5장 21절에서부터 43절 속에서 우리는 두 가지 주목할 것이 있다. 하나는 예수께서 율법을 새롭게 해석하여 주셨다는 점이다. 예수의 가르침을 듣고 사람들이 '율법학자들의 가르침과 달랐다'고 감탄한 것은 바로 이런 가르침 때문이었으리라.

예수는 우리에게 구약의 율법 가운데 몇 가지를 아주 새롭게 해석해 주셨다. 첫째, 살인에 대한 해석이다. 율법에는 살인하는 사람은 누구나 재판을 받아야 한다고 하였지만(출 21:12 이하) 예수는 형제에게 성을 내는 사람과 욕을 하는 사람은 재판을 받아야 하고, 형제를 모독하는 사람은 불구덩이에 던져질 것이라고 말씀하신다. 둘째, 간음에 대한 해석이다. 율법에는 간음하지 말라고 하였지만 예수는 마음에 음욕을 품으면 이미 간음한 것이라고 가르치신다. 셋째, 이혼에 대한 해석이다. 율법에는 이혼장을 써주고 아내를 버리면 된다고 하였지만 예수는 아내가 음행하였을 경우를 제외하고는 아내를 버리면 안 된다고 가르치신다. 넷째, 거짓 맹세하지 말라고 한 율법에 대하여는 아예 맹세하지 말라고 하신다. 다섯째, 눈은 눈으로, 이는 이로 갚으라는 율법에 대하여는 앙갚음을 하지 말라고 가르치신다. 여섯째, 네 이웃을 사랑하고 원수를 미워하라는 율법에 대하여서는 원수를 사랑하고 박해하는 사람들을 위하여 기도하라고 가르치신다.

어디 이 여섯 가지뿐이겠는가? 모든 율법은 예수에게서 새로운 말씀으로 해석된다.

또 한 가지 주목해야 할 것은 '다르게 살라'는 가르침이다. 5장 20절에서 예수는 '율법학자들이나 바리사이파 사람들과 달라야 한다'고 말씀하신다. 45절에서는 '세리들보다 나아야 한다'고 말씀하신다. 47절에서는 '이방인들보다 나아야 한다'고 가르치신다. 그리고 6장에서는 '위선자들과 달라야 한다'고 가르치신다. 율법학자들이나 바리사이파 사람들과 달라야 한다는 말씀은 종교 전문가들과 달라야 한다는 말씀이요, 세리들보다 나아야 한다는 말씀은 '자기에게 잘 해주는 사람에게는 잘 해주는', 이를테면 끼리끼리만 잘 어울리는 '패거리'와는 달라야 한다는 말씀이다. 이방인들보다 나아야 한다는 것은 '법'이 없는 사람들, 진리 없이 사는 사람들보다 나아야 한다는 말씀이다. 위선자들보다 나아야 한다는 말씀은 종교로 치장한 사람들과 달라야 한다는 말씀이다.

예수의 사람이 되는 것은 종교 전문가가 되는 것도 아니고, 같은 사람끼리만 모이는 패거리를 만드는 것도 아니고, 예수라는 딱지를 붙여 기독교인이라고 포장하는 것도 아니다. 예수의 사람이 되는 것은 예수의 가르침을 진리로 받아 몸으로 사는 것이다. 어찌 종교라는 허울로 삶을 대신할 수 있겠는가?

이렇게 몇 가지를 더듬어보면 예수의 가르침은 전통적인 가르침과 다른 가르침이다. 예수는 유대교의 전통 속에 계셨으면서도 유대교의 전통과 다른 가르침을 베푸셨다. 그것이 젊은 예수의 모습이다. 나이가 젊어서 젊은 것이 아니다. 그에게 싱싱한 생명이 있어 젊은 예수다. 그에게 아름다운 진리가 펄펄 살아 있어 젊은 예수다. 그 예수에게서 가르침을 받아 푸르고 싱싱한 아름다움을 드러내는 것이 푸른 신앙이다.

사실, 예수의 가르침은 다르게 살아야 할 길이다. 몸은 전통 속에, 그리고 오늘이라는 현실 속에 놓여 있지만 새로운 질서, 새로운 가치, 새로운 삶의 길을 찾고, 그 길을 자신의 몸에 담아 세상에 나타내는 것, 그것이 푸른 신앙이다.

언제인가 전도사님 두 분이 이렇게 물었다.

"목사님이 우리 같으셨을 때(전도사였을 때)에는 힘들지 않으셨나요?"

"힘들지 않았네."

"어떻게 힘들지 않으셨나요?"

"저항하는 힘이 있었지."

저항이란 한 세대에 대한 반발이 아니다. 저항이란 '아니오' 할 것은 '아니오' 하고 '예' 할 것은 '예' 라고 하면서 사는 것이다.

이제 우리 스스로에게 물어 보자. 우리 속에 이 세상과 다른 무엇이 있는가? 교회 안에서 바깥을 향해 '세상', '세상' 하지만 교회는 세상과 다른가? 다르게 사는 무엇이 있는가? 오늘 교회는 노쇠하였다. 교회가 탄생한 후 오랜 세월이 흘러서 노쇠한 것이 아니라 성서를 통해서 이 시대에 새로운 질서와 가치와 삶의 길을 찾으며 기독교라는 전통 속에서 새로운 샘을 퍼 올리지 못하기에 낡아지고 있다. 청년 주일을 맞아 우리 모두가 젊은 예수의 사람, 푸른 신앙을 지닌 예수의 사람들이 될 수 있길 희망하자. ✽ (2003. 10. 19)

붉은 머리 오목눈이

"그러나 그리스도의 성령을 모시지 못한 사람은 그리스도의 사람이 아닙니다."(롬 8:9)

뻐꾸기가 남의 둥지에 알을 낳아 부화시키고 기른다는 것은 다 아는 일이다. 이것을 탁란이라고 한다.

일본 뻐꾸기와 한국 뻐꾸기는 같은 종인데 일본 뻐꾸기는 개개비 둥지에 탁란을 하고 한국 뻐꾸기는 붉은머리 오목눈이의 둥지에 탁란을 한다. 알의 색깔에 따른 차이라고 한다.

붉은머리 오목눈이 가운데 뻐꾸기의 알을 부화시키는 녀석은 약 10% 정도 된다. 10%의 붉은머리 오목눈이에 의해 100%의 뻐꾸기가 종을 이어가는 것이다. 이 10%에 해당하는 붉은머리 오목눈이는 뻐꾸기 알을 제 알인 줄 알고 품었다가 뻐꾸기 새끼를 내놓는다.

예수께서 말씀하신다.

"선한 사람은 선한 것을 마음에 쌓아두었다가 선한 것을 내놓고 악한 사람은 악한 것을 마음에 쌓아두었다가 악한 것을 내놓는 것이 아니겠느냐?"(마 12:35)

사람의 마음은 둥지다. 그 마음에 무엇을 품고 있느냐에 따라 품은 것이 겉으로 드러나게 마련이다.

성서는 또 이렇게 깨우친다.

"같은 샘 구멍에서 단 물과 쓴 물이 함께 솟아 나올 수 있겠습니까?"(약 3:11)

마음은 사람의 바탕이다. 그 마음의 근원이 맑지 않다면 어찌 맑은 삶이 드러날 수 있겠는가?

오늘 예수의 사람들은 무엇을 품고 있는가? 오늘 교회는 무엇을 품고 있는가? 자신의 알을 품고 있는가? 아니면 "뻐꾸기 알"을 품고 있는가?

성서는 말씀한다.

"여러분은 그리스도 예수께서 지니셨던 마음을 여러분의 마음으로 간직하십시오."(빌 2:5)

"그리스도의 성령을 모시지 못한 사람은 그리스도의 사람이 아닙니다."(롬 8:9)

마음에 세상의 욕망이 가득하다면 거기서 나오는 것은 아름다울 수 없다. 그 마음에 예수의 영을 모신다면 거기서 나오는 것들은 갖가지 아름다운 열매들이다.

"성령께서 맺어주시는 열매는 사랑, 기쁨, 평화, 인내, 친절, 선행, 진실, 온유, 그리고 절제입니다."(갈 5:22~23)

예수의 사람들(교회)이 그리스도의 영을 품는다면 그 속에서 진리와 정의와 평화와 사랑과 기쁨과 지혜의 숨결이 뿜어져 나와 하느님의 나라가 이루어지리라.

오늘 예수의 사람들, 그리고 교회는 무엇을 품고 있는가?

붉은머리 오목눈이에게서 배우라. ※ (2004. 6. 19)

날마다 새해

"그러나 여러분은 그리스도를 그렇게 배우지는 않았습니다. 그리스도 예수 안에는 진리가 있을 따름인데 여러분이 그의 가르침을 그대로 듣고 배웠다면 옛 생활을 청산하고, 정욕에 말려들어 썩어져 가는 낡은 인간성을 벗어버리고, 마음과 생각이 새롭게 되어 하느님의 형상대로 창조된 새 사람으로 갈아입어야 합니다. 새 사람은 올바르고 거룩한 진리의 생활을 하는 사람입니다."(엡 4:20~24)

새해라고들 말합니다. 2005년이라고 이름 붙인 해의 첫날, 떠오르는 해를 보려고 좁은 땅덩어리 이름 있는 곳마다 사람들이 몰려들었습니다.

그런데 정작 먼 길 마다않고 가서 밤을 지새우며 기다리다가 본 해는 어제와 다른 해였겠습니까? 어제와 달라 무지개 빛이었겠습니까? 눈부시게 쏟아져 내리는 빛의 입자들이 보석으로 바뀌기나 하였겠습니까? 그저 어제 서쪽으로 빠져들었던 해와 다르지 않은 해였을 뿐입니다.

새해라고 하지만 눈에 보이는 것들이 바뀐 것은 아무것도 없습니다. 나라가 바뀐 것도 아니고 이마를 맞대고 으르렁거리던 이웃이 바뀐 것도 아닙니다. 미국의 부시가 바뀐 것도 아니고, 이라크의 시아파가 바뀐 것도 아닙니다. 한나라당이 바뀌지도 않았고, 열린 우리당이 바뀌지도 않았습니다. 해는 바뀌었지만 지진으로 사랑하는 이들을 잃은 사람들의 슬픔과 고통은 손톱만치도 바뀌지 않았습니다.

눈에 보이는 세계는 이렇게 바뀌지 않지만 오늘 나를 이루는 세포가 어제의 세포가 아니듯이 눈에 보이지 않는 세계는 늘 변화합니다. 이렇게 눈으로 보이는 것은 바뀌지 않았는데, 달랑 '2005라는 숫자가 인쇄된 달력 한 장 걸어 놓고 새해라고 하기에는 쑥스럽지 않습니까? 너무 거창하지 않습니까? 바뀌는 세계가 눈에 보이지 않듯 사람의 눈으로 볼 수 없는 것이 사람의 마음입니다.

그래서 성서는 '마음과 생각을 새롭게' 하라고 깨우칩니다. 눈에 보이지 않는 마음과 생각이 새로워지지 않으면 사람은 절대로 새로워질 수 없고, 사람이 새로워지지 않으면 결코 세상도 새로워질 수 없고, 세상이 새로워지지 않으면 예수의 사람들이 꿈꾸는 세상은 그야말로 꿈에 지나지 않게 될 것입니다. 그렇다면 어찌 숫자만 바꾸어 달고 새해라 말할 수 있겠습니까? 동쪽 하늘에서 아무리 해가 새로 떠올라도 사람이 바뀌지 않으면 새해가 아닙니다.

그런데 문제는 사람이 어떻게 마음과 생각이 새로워질 수 있느냐 하는 것입니다. 이 어려운 질문에 대해 성서는 이렇게 깨우칩니다. "옛 생활을 청산하고, 정욕에 말려들어 썩어져 가는 낡은 인간성을 버리라."

사람이 새로워지지 못하는 것은 옛 모습을 벗어버리지 못하기 때문입니다. '옛 모습'이 아름다웠든지 아름답지 못하였든지 지나간 것은 모두 옛 모습이요 벗어버려야 할 것들입니다. 이 옛 모습을 벗어버리지 못하도록 우리를 붙잡고 있는 녀석이 있으니 이 녀석의 이름이 바로 '유혹'이라는 녀석입니다.

사람이 유혹에 빠지는 까닭은 어리석음과 탐욕과 집착 때문입니다. 참된 길이 무엇인지 알지 못하는 어리석음 때문에 유혹에 빠지며, 더 모으고, 더 쌓고, 더 누리려는 욕망 때문에 유혹에 빠지며, '나'와 그리고 '나'와 맺어진 무수한 관계들에 집착하여 유혹에 빠집니다. 유혹이 유혹인 것은 나를 유혹하는 그 무엇이 그다지 중요한 것들이 아니기 때문에 유혹입니다. 그다지 중요한 것들이 아닌데 거기에 마음을 빼앗기기 때문에 유혹이라고 합니다.

유혹에 빠지지 않는 비법이 있다면 그것은 깨어 사는 길입니다. 깨어 살아 날마다 날마다 새로워지면 우리가 맞는 날, 그 모든 날이 새해입니다. 새해는 따로 없습니다. 깨어 유혹에 빠지지 않는 때만이 진정한 새해입니다. ✽ (2005. 1. 3)

이 시대 예수 사람들의 사랑하기

"또 십자가에서 죽으심으로써 둘을 한 몸으로 만드셔서 하느님과 화해시키시고 원수 되었던 모든 요소를 없이하셨습니다."(엡 2:16)

환한 햇살이 온 누리를 가득 채운 아침나절 목사관에서 예배당으로 걸어오는데 마을 옆으로 흐르는 작은 냇물 위에 놓인 다리에 노인 두 분이 앉아 계셨습니다. 가까이서 보지 않아도 누구라는 것은 쉽게 알 수 있습니다. 한 분은 방 집사님이시고, 다른 한 분은 이웃에 사시는 분입니다.

제가 처음 이곳(추평교회)에 왔을 때 일흔여섯이셨던 방 집사님은 어느 곳이든 힘들이지 않고 다녀오시곤 하셨는데, 십 년이 지난 지금은 건넛마을 가시는 것도 힘에 겨워 다리 위에서 쉬고 계시는 것입니다.

두 노인이 앉아 계신 곳으로 몇 발자국 더 옮기는데 한 소리가 지나갔습니다.

"몸이 몸을 힘겨워할 때가 온다."

충주 의료원에 집사님 한 분이 누워 계십니다. 올해 일흔아홉 되시는 문 집사님. 유통 기한이 지난 밀가루로 칼국수를 만들어 잡수신 뒤 장염에 걸려 입원하신 것입니다. 평소에도 심장이 좋지 않아 약을 놓지 않고 지내셨는데 장염에 신장까지 좋지 않아 큰 병원으로 옮겨야 하는 것이 아닐까 걱정도 되었는데 다행히 병세가 더 악화되지 않아 의료원에서 계속 치료를 받게 되셨습니다.

병상 옆에서 잠시 제가 온 날부터 이제까지의 집사님의 세월을 되짚어 보았습니다. 결코 평탄하지 않았던 시간들을 오늘까지 잘 견디어 오셨습니다. 집사님의 총기는 뛰어나셔서 어느 해 성서 암송 대회를 하였을 때 시편 136편을 처음부터 끝까지 글자 한 자 안 틀리고 다 외우셨는데 이제는 몸도 마음도 쇠하여 병상에 누워 손녀딸의 보살핌을 받고 계십니다.

기도를 해 드리고 병실을 나서는데 한 소리가 지나갔습니다.
"사랑하고 싶어도 사랑할 수 없는 때가 온다."

무엇이 사랑입니까? 어떻게 하는 것이 사랑하는 것입니까?
국어사전에는 사랑을 이름씨로 분류합니다. 그러나 사랑은 이름씨로 풀어낼 수 없고 눈으로 볼 수도 없습니다. 사랑은 사랑하는 이의 몸으로 드러납니다.

사랑의 본질은 바뀌지 않지만 그 모습은 시대에 따라 다른 모습으로 표현됩니다. 예를 들면 나라를 빼앗기고, 동포가 억압과 학대를 받아 고통을 당하던 시대의 사랑은 자유와 해방을 향해 나가는 것이었습니다. 가난과 기근으로 고통을 당하던 시대의 사랑은 작은 것이라도 함께 나누는 것이었습니다. 독재 권력이 국민을 억압하고 인권을 빼앗던 시대의 사랑은 자유와 민주를 향해 나가는 것이었습니다.

그렇다면 오늘 이 시대의 예수 사람들의 사랑의 과제는 무엇일까요? 저는 두 가지라고 말합니다.

하나는 모든 것을 소중히 여기는 것입니다. 풀 한 포기, 돌멩이 하나, 나무 한 그루, 작은 곤충에서 눈에 보이지 않는 존재들까지. 생명을 지닌 것들은 물론이거니와 생명이 없다고 여기는 것들까지 어느 것 하나 소중하지 않은 것이 없습니다. 모든 생명은 하나의 생명에 닿아 있고, 존재하는 모든 것들 속에는 토기 속에 토기장이의 혼이 스며 있듯이 하느님의 숨결이 깃들어 있습니다. 존재하는 모든 것들을 소중히 여기지 않는 교만이 가져온 결과가 어떤지는 오늘 우리들이 살고 있는 세상이 분명하게 증언하고 있습니다.

다른 하나는 화목(和睦)입니다. 국어사전(동아 새국어사전)을 보면 화목이란 말을 '뜻이 맞고 정다움'이라고 풀어 놓았습니다만 저는 '아주 좋은 사이'라고 하고 싶습니다.

성서는 우리에게 '모든 피조물은 하느님의 자녀가 나타나기를 간절히 기다리고 있다'고 깨우칩니다(롬 8:19). 우리는 존재하는 모든 것들과 사이좋게 지내야 합니다. 또 성서는 우리에게 '여러분의 힘으로 되는 일이라면 모든 사람과 평화롭게 지내야 한다'고 깨우칩니다(롬 12:18). 집안사람들, 이웃들, 아는 사람들, 모르는 사람들, 떠난 사람들, 올 사람들…. 우리는 이 모든 사람들과 사이좋게 지내야 합니다. 심지어 성서는 '원수까지도 사랑하라'고 합니다. 우리의 힘으로 할 수 있다면 문제 될 것이 없겠지만, 우리의 힘으로 할 수 없다면 우리는 우리를 도우시는 영(성령)의 도움으로 그렇게 해야 합니다.

미국이 이라크를 점령한 뒤에도 이 땅덩어리 위에서는 전쟁이 그치지 않고 있습니다. 거기에다 요즘 대만과 중국의 갈등, 북 핵미사일로 불거진 주변 나라들 사이의 갈등, 독도를 자신들의 땅이라고 우기면서 불거진 한국과 일본의 갈등 등은 모두 전쟁의 소지를 안고 있는 심각한 문제들인데 이런 갈등을 해소하고 사이좋은 사이를 이루어야 하는 것은 같은 시대를 사는 우리가 풀어야 할 숙제입니다.

또 성서는 우리에게 '하느님과 화해' 하라고 깨우칩니다(고후 5:20). 사실 우리가 하느님과 사이좋게 지낸다면 다른 모든 것들과의 사이는 저절로 좋아지게 되어 있습니다. 왜냐하면 모든 것이 하느님 안에 있기 때문입니다.

그렇다면 어떻게 하는 것이 하느님과 화목하는 것일까요? 예수는 우리에게 이렇게 가르쳐주십니다. "정의와 자비와 신의를 실천하라(마 23:23)." 모든 피조 세계와 사이좋게, 이 피조 세계를 지으신 이와 사이좋게 지내는 길이 한 곳에 있으니 그것이 바로 '십자가의 도' 입니다. "또 십자가에서 죽으심으로써 둘을 한 몸으로 만드셔서 하느님과 화해시키시고 원수 되었던 모든 요소를 없이하셨습니다."(엡 2:16)

몸과 마음이 쇠하여 몸이 몸을 견뎌낼 수 없고, 사랑하고 싶어도 사랑할 수 없는 때가 오는 것은 세 노인들만 겪는 것이 아닙니다. 누구나 한 번 겪어야 넘어가는 피할 수 없는 길입니다. 그때가 오기 전에 사랑합시다. 모든 것을 소중히 여기며 사이좋게 삽시다.

(2005. 3. 11)

순식간에 스러지는 것들

"당신의 진노의 열기에 우리의 일생은 사그라지고 우리의 세월은 한숨처럼 스러지고 맙니다. 인생은 기껏해야 칠십 년, 근력이 좋아야 팔십 년, 그나마 거의가 고생과 슬픔에 젖은 것, 날아가듯 덧없이 사라지고 맙니다. 누가 당신 분노의 힘을 알 수 있으며, 당신 노기의 그 두려움을 알겠습니까? 우리에게 날수를 제대로 헤아릴 줄 알게 하시고 우리의 마음이 지혜에 이르게 하소서."(시 90:9~12)

가을걷이를 앞에 두고 논바닥에 쓰러진 벼포기들.
올 가을에는 비가 자주 내렸다. 가을 날씨라는 것은 따가운 햇살에 시원한 바람이 제격인데 이삼 일 건너 내리는 비에 이삭의 무게를 견디지 못한 벼들이 아예 논바닥에 누워버린 것이다. 지난 9월 중순 시내에 갔다 오던 날도 그랬다. 여름 장마비처럼 쏟아지는 빗줄기에 벼가 쓰러지면 어떻게 하나 하는 걱정을 했는데 생각 밖에도 벼들은 꿋꿋하게 서 있었다. 참으로 다행이다 여겼는데 웬걸! 아침에 들에 나가 보니 이 논 저 논에 벼들이 쓰러져 있고, 어떤 논에는 아예 도배를 한 것처럼 벼포기들이 깔려 있었다. 저녁나절에 그리 세지 않은 바람이 잠깐 지나갔는데 그 바람을 맞고 쓰러진 것이었다.
아! 잠깐 사이에 이렇게 스러지다니…
그때 나는 주보 머리글을 이렇게 적었다.

"때늦은 장맛비처럼
쏟아져 내린 빗줄기에
모판에서부터 낟알이 여물 때까지
잘 자라던 녀석들이
한순간에 쓰러졌다.
녀석들이 쓰러지는 데는
그리 많은 시간이 필요하지 않았다.

일년 내내 녀석들을 가꾸던
농부들의 정성도
녀석들과 함께 쓰러져 아프다.

허리케인 '카트리나' 가 아니더라도
우리는 안다.
한순간에 무너지는 것들이
벼포기만은 아니라는 것을!"

지난 8월 말, 미국 남부에 들이닥친 허리케인 '카트리나' 는 300년 가까운 역사를 지닌 도시 뉴올리언스를 폐허로 만들었다. 시속 280 킬로미터가 넘는 속도로 내달리는 바람, 미시시피 강둑과 폰트차트레인 호수의 둑이 무너져 밀려온 물과 높이 9미터의 해일이 덮쳐 그야말로 생지옥이 따로 없어 보였다. 재난을 피해가는 사람들로 고속도로는 북새통을 이루었고, 도시에서는 약탈과 강도 행각이 끊이지 않았다고 한다. 누가 어떤 힘이 있어 그렇게 미국의 자존심을 무너뜨릴 수 있으며, 그 야만스러움을 적나라하게 벗겨낼 수 있겠는가? 나는 텔레비전 화면에서 자연 재해로 가족을 잃고 울부짖는 미국인들을 보면서 매정하게도 그들이 이라크에 쏟아 부은 폭탄에 가족을 잃은 이들의 아픔을 조금이라 생각해 본 적이 있을까 상상해 보았다.

이 한 번의 피해로 미국이 입은 손실이 아프가니스탄과 이라크에 쏟아 부은 4년간의 전쟁 비용과 맞먹을 것이라는 분석도 나왔다. 그로부터 며칠 뒤 미국은 다시 불어 닥친 허리케인 '리타'로 인하여 한 번 더 혼란에 빠졌다.

이 시대의 세계 최강대국이라 불리는 미국을 누가 저렇게 혼란에 빠뜨릴 수 있겠는가? 아마 세계인들은 미국을 저렇게 흔들어 놓을 수 있는 힘을 지닌 존재는 없을 것으로 여겼을 것이다. 그러나 바람 한 방에 그렇게 무너지는 것을!

언제인가 아침에 강원도 양양과 홍천의 경계를 이루는 구룡령을 넘으면서 골짜기 골짜기를 가득 메웠던 안개구름 속에 묻힌 적이 있다. 얼마나 자욱하였던지 앞을 보기 힘들 정도였는데 햇살이 퍼지자 순식간에 걷히는 것을 보면서 성서의 한 말씀이 떠올랐다. "당신들은 내일 당신들의 생명이 어떻게 되는지 알지 못합니다. 당신들은 잠깐 나타났다가 사라져버리는 안개에 지나지 않습니다."(약 4:14)

인생의 덧없음을 아침 안개에 비유해서 깨우치는 성서의 말씀은 옳다. 한순간에 스러지는 것이 어디 벼포기뿐이겠는가? 허리케인에 무너지는 도시뿐이겠는가? 인생 자체가 한순간에 스러지는 것이다. 인생 자체가 한순간에 스러지는 것일진대 그 손에서 빚어지는 것들이란 두 말할 나위 없지 않겠는가?

그러나 이 시대의 인류는 온통 교만에 빠져 있다. 특히 자본의 힘으로 세상을 지배하려는 세력들일수록 그렇다. 오늘의 세대는 미국뿐만 아니라 수많은 나라, 수많은 사람들이 자본의 산물인 과학 기술 문명의 절대 신봉자가 되어 사람이 할 수 없는 일은 없다고 맹신하고 있다. 그들의 신은 돈이요, 그들의 힘은 자본이며, 그들의 무기는 과학 기술 문명의 사생아격인 날카로운 기계들이다.

지혜자는 말한다. "우리에게 날수를 제대로 헤아릴 줄 알게 하시고 우리의 마음이 지혜에 이르게 하소서."

인생이 누릴 수 있는 날이란 제아무리 길어도 '찰나'에 지나지 않으며, 아무리 탑을 쌓아 올린다 해도 '한바탕 꿈'에 지나지 않는다. 이 진리를 아는 이는 세계를 장악하려는 야욕을 품지 않는다. 무슨 사업에 성공해야겠다는 욕망을 키우지 않는다. 그저 겸허히 자신의 삶을 헤아려 산다. ❋ (2005. 10. 12)

추평리에서 가장 높은 건물인 마을회관(산머리들머리 카페에서)

산머리 들머리 소리

땅에서도 이루어지이다

살아 있을 동안에 원 없이 사랑하고 원 없이 우애를 나누어 죽음을 맞아 서로
애달파하지 않도록 사는 것으로 족하지, 죽음 뒤에 무엇을 덧붙일 것인가?
사람이 살다 죽으면 살아 있는 사람들은 죽은 사람의 무덤을 만들고
묘비를 세우지만 정작 묘비는 사람들이 세우는 것이 아니라
죽은 자 스스로 남기는 것이다.
죽은 뒤 커다란 무덤에 대리석 묘비를 세워주길 바랄 것이 아니라 살아 있는
동안에 사람들의 가슴에 새길 묘비를 준비하는 것이야말로 잘 사는 삶이다.

* 평생 광야에서의 외침을 서슴지 않았던 전생수 목사, 수많은 소리 중에서
'평화' '환경' '장기수' '역사' … 등을 주제로 시대 순으로 묶었다.
마지막에 그가 외친 소리, "우리는 혼란스럽지 않다."

잘 생긴 묘비

"…지난 97년 말 현재 분묘 수는 약 2,000만 기로 가용 국토의 5.2%를 차지한다. 이 수치는 항공 촬영을 통해 집계한 것으로 실제는 이보다 훨씬 웃돌 것으로 추정된다. 최근에는 가족 제도의 변화로 2~3세대만 지나면 조상의 묘를 제대로 관리하지 않기 때문에 이들 묘지의 40% 이상이 토지만 점유한 채 연고자 없이 버려진다. 분묘 1기당 면적도 만만치 않아 19.35평으로 국민 1인당 주택 면적(4.3평)의 4.5배다. 우리는 죽은 사람을 위한 땅에 더부살이를 하고 있는 셈이다.…"

　　　－ 1999년 9월 16일 「한겨레신문」

　지난 가을 고향에 벌초를 하러 가면서 불알친구에게 전화를 했다. 혹 만나서 차라도 한잔 나눌 수 있을까 해서. 벌초하러 간다는 말을 들은 친구는 예초기를 가져가란다. 없다고 했더니 별로 비싸지 않으니 하나 사란다. 그래도 그렇지 벌초하는 것마저 윙윙대는 기계를 써야 하느냐며 힘이 들어도 낫을 쓰겠노라고 말하고 전화를 끊었다.

　어느 일요일이던가, 주일 낮 예배를 드리는데 이산 저산에서 들려오는 예초기 소리가 온 마을에 가득했다. 객지에 나가 사는 자식들이 일요일에 고향에 돌아와 벌초하는 소리다. '말씀'을 '설(說)'하다 말고 한마디, "인생 제대로 못 산 사람들이 무덤을 남겨서 자식들을 바쁘게 만든다. 혹시 내가 여기서 죽으면 화장을 하고 무덤을 만들지 마라." 불쑥 내뱉은 말 같지만 괜한 말은 아니다. 가끔 그렇게 지껄였으니까.

　무덤 없는 사람. 모세, 엘리야, 예수는 무덤 없이 돌아간 사람들이다. 무덤은 없지만 모세는 법으로, 엘리야는 정신으로, 예수는 자유혼으로 살아 있다. 살다 간 흔적을 남기지 않았으면서도 사라지지 않는 이름으로 살아 있다. 그럼 그런 분들의 줄에 서고 싶으냐고? 아니다. 나는 그런 줄에 설 마음도 없고 자격도 못 되는 사람이다. 법으로 남을 무엇도 없고, 정신으로 남을 무엇도 없고, 영(자유혼)으로 남을 무엇도 없는 주제꼴이 바로 나다. 그렇다고 가용 국토 면적의 5.2%가 무덤이어서도 아니고, 죽은 자가 차지하는 자리(19.35평)가 산 사람이 차지하는 자리(4.3평)보다 넓어서도 아니다.

　어떤 이는 묻고 싶을 게다. 왜 무덤을 만들지 말라고 했는지를…. 대답은 간단하다. 단지 살다 간 흔적을 남기기 싫어서다. 나이 들어가면서 어떻게 하면 내가 살았다는 흔적을 남기지 않을까 하는 생각을 하며 산다. 쓰레기를 줄이는 것도 내가 살았던 흔적을 줄이는 것이고, 차에 쓰레기통 하나 가지고 다니는 것도 내가 지나간 흔적을 남기지 않으려는 작은 몸짓이다.

　이 땅에 와서 벌써 마흔 해를 살았고 앞으로 또 얼마를 사는 것만으로도 신세를 질 것인데 죽어 무엇을 남기겠는가? 마흔여섯 해 전에 '나'라는 존재는 없었으니 죽은 후에 아무런 흔적이 없어야 하는 것은 매우 타당하다.

　삶을 사랑할 수 있는, 애정을 나눌 수 있는, 함께 웃고 함께 울 수 있는 단 한 번의 기회다. 죽음을 슬퍼한다면 단지 그 기회를 잃었다는 안타까움 때문이다. 그러기에 살아 있을 동안에 원 없이 사랑하고 원 없이 우애를 나누어 죽음을 맞아 서로 애달파하지 않도록 사는 것으로 족하지, 죽음 뒤에 무엇을 덧붙일 것인가? 사람이 살다 죽으면 살아 있는 사람들은 죽은 사람의 무덤을 만들고 묘비를 세우지만 정작 묘비는 사람들이 세우는 것이 아니라 죽은 자 스스로 남기는 것이다. 그것은 기계로 돌판에 글자로 새기는 묘비가 아니라 역사에 혹은 남은 자들의 가슴에 새기는 묘비다.

죽은 뒤 커다란 무덤에 대리석 묘비를 세워주길 바랄 것이 아니라 살아 있는 동안에 사람들의 가슴에 새길 묘비를 준비하는 것이야말로 잘 사는 삶이다.

평화

우리는 너희 임금이 아니야

평화로운 숲속에 짐승나라가 있었습니다. 참으로 살기 좋은 나라지요. 모든 짐승들이 사이좋게 어우러져 살았답니다. 토끼랑 다람쥐랑 호랑이랑 사자랑 잘도 어우러졌지요. 그렇지만 그들 중에도 나쁜 마음을 품은 짐승이 있었습니다.

늑대라는 녀석은 남에게 뽐내기를 좋아하는 짐승이랍니다. 어느 날 늑대는 약한 짐승들을 모아 놓고 거칠한 목소리로 힘주어 말했습니다. "에헴, 너희들은 내 말을 잘 들어라. 나는 어제 저녁에 이곳 산신령으로부터 임금이 되라는 명령을 받았다. 그러니 앞으로 너희는 내 말을 잘 들어야 한다."

그날부터 토끼랑 다람쥐랑 청설모 같은 작은 짐승들은 스스로 임금이 된 늑대의 말을 듣지 않을 수 없었어요. 말을 듣지 않았다가는 그날 밤 쥐도 새도 모르게 사라져 다시 돌아오지 않았기 때문이지요. 작은 짐승들은 겁에 질려 늑대의 말이라면 죽는 시늉이라도 하면서 충성하였고 알아서 늑대의 비위를 맞추는 짐승도 생겨났지요. 그럴수록 늑대는 더욱 교만해졌답니다.

그런데 이런 늑대의 자리를 탐내는 녀석이 있으니 그게 바로 여우란 녀석이지요. 여우는 늑대가 으쓱대는 것이 부러워 샘이 나면서도 겉으로는 온갖 아양을 떨면서 늑대의 비위를 맞춰주었지만 속으로는 언제고 기회만 되면 늑대의 자리를 빼앗고야 말겠다고 벼르고 있었습니다. 여우란 녀석은 그런 음흉한 생각을 감추고 늑대에게는 여전히 충성을 다하면서 자기보다 약한 짐승들을 괴롭히곤 하였습니다.

어느 날 여우는 산책을 하다가 하마터면 깊은 구덩이에 빠질 뻔하였습니다. 사냥꾼이 파 놓은 구덩이였던가 봐요. 간신히 목숨을 건진 여우는 한 가지 꾀를 생각해 내었어요.

"옳지, 늑대를 이곳으로 꾀어 와야지. 이 구덩이에 빠뜨리고 내가 왕이 되어야지!"

여우는 즉시 늑대에게로 달려갔습니다. 그리고는 숨이 넘어가라 헐떡이며 늑대를 불렀습니다.

"임금님, 임금님, 이리와 보세요. 저기 아주 맛있는 음식이 있어서 임금님께 드리려고 이렇게 달려왔습니다."

늑대는 호들갑을 떠는 여우를 대견스럽게 여기면서도 이상하게 여겨 물었습니다.

"이 녀석아, 맛난 음식이 있다면서 왜 빈손이냐?"

찔끔한 여우는 얼른 대답했습니다.

"예, 임금님. 글쎄 그 음식상이 얼마나 잘 차려졌는지 저 혼자서는 가져올 수 없어서 이렇게 헐레벌떡 달려왔습니다요, 네."

늑대는 여우의 말이 수상스럽다고 여기면서도 임금인 자기에게 어떻게 하랴 싶기도 하고, 또 여우란 녀석이 워낙 말을 잘 둘러대는 바람에 여우의 잔꾀에 넘어가고 말았답니다.

늑대는 여우 뒤를 따라 구덩이가 있는 곳까지 왔습니다. 물론 늑대는 구덩이가 있는 줄을 까맣게 모르지요. 늑대가 앞서가는 여우에게 다그쳤습니다.

"이놈아, 맛난 음식이 어디 있는데 이렇게 멀리까지 가느냐?"

여우는 얼른 옆으로 피하면서 대답하였습니다.

"임금님, 앞으로 조금만 더 가시지요."

맛난 음식을 배부르게 먹을 생각으로 성급하게 가던 늑대는 그만 사냥꾼이 파 놓은 함정에 풍덩 빠지고 말았답니다.

늑대가 구덩이에 빠져 허우적대는 꼴을 본 여우는 작은 짐승들을 모두 불러 모으고 큰소리로 말했습니다.

"얘들아, 저 밑을 보아라. 구덩이에 빠져 허우적대는 늑대의 꼴을 말이야! 하하하! 이제부터는 내가 임금이다. 그러니 너희들은 내 말을 잘 들어야 한다."

작은 짐승들은 모두 이제부터는 여우가 임금이라고 만세를 불렀습니다. 작은 짐승들의 만세소리에 흥이 난 여우는 너무 기뻐 어쩔 줄 모르고 춤을 추다가 발을 헛디뎌 늑대가 빠진 구덩이에 풍덩 빠지고 말았습니다.

이 모습을 본 작은 짐승들은 모두 손뼉을 치며 숲속으로 흩어져 돌아갔습니다. 구덩이에 빠진 늑대와 여우는 큰 소리로 말했습니다.

"얘들아, 우리는 너희 임금이 아니야. 우리는 너희의 친구야. 그러니 어서 우릴 구해줘."

그러나 누구도 늑대와 여우를 구하러 돌아오지 않았답니다.

(1990. 2. 17)

비폭력

민중의 포수?

이 땅에 미친 바람이 불던 80년 초여름. 전방에서 군대생활을 하던 어느 날, 어린 자식들을 주렁주렁 데리고 콩밭으로 소풍 나온 어미 꿩을 보았다. 사령관실 허락을 받고 실탄 일발 장전. 몸통은 콩포기에 가려 보이지 않고 머리만 뾰족하게 보이는 어미 꿩을 향해 방아쇠를 당겼다. 빗나갔다. 졸지에 놀란 꿩은 수직으로 5~6미터 솟아오르더니 동해 북부선 철로가 놓였던 둑에 내려앉았다. 잠간 둑에 앉았다가 다시 날아오르는 꿩을 향해 또 한 발! 날아오르던 꿩은 '푸드덕' 떨어졌다. 순간 나는 어떤 쾌감을 맛보았다. 난생 처음 살아 있는 물체를 향해 총을 쏘았고 또 그것을 맞추었으니까. 달려가 주워 보니 이번에는 빗맞았다. 그러나 빗맞은 총알에도 어미 꿩의 배는 남아 있지 않았다.

군대 생활 6년 넘게, 그리고 예비군 훈련 8년여 M-16소총 제원에 대해 귀에 딱지가 앉도록 들었건만 아는 게 없다. 예비군 면대(面隊)에 전화를 걸어 물어 보니 '6조 우선'에 파괴력이 뛰어나다는 말뿐이다. 총알이 들어간 구멍은 작아도 나간 구멍은 크단다. 그만큼 총알이 나가면서 회전하는 힘이 강하고 파괴력이 있다는 말이다. 신문에 보도된 기사에 따르면 M-16소총은 월남 전에서 쓰는 데도 찬반 논란이 많았단다.

전쟁터에서 쓰기도 꺼려했던 총을 경찰에게 지급하여 화염병을 던지는 '파괴자'들과 '자유민주주의체제'를 거부하는 세력들을 응징하는 데 쓰겠단다. 어떻게 쏘느냐 하면 발목을 쏘아 사로잡겠단다. 민생치안에는 무능력자요, 시국치안에는 뛰어난 경찰이 이제는 명사수가 되어야 한다. 아니면 명사수만을 특별히 뽑아야 할 판이다. 그렇지 않으면 발목을 맞추기가 쉽지 않을 테니까. 그러려면 차라리 총을 바꿔라. M-16소총을 가지고서야 어디 그 많은 '용공좌경세력'을 사로잡을 수 있겠는가? 차라리 발칸포를 나눠줘라. 떼거리로 몰려드는 '파괴범'들을 잡는 데는 M-16소총보다 훨씬 더 쉽지 않은가? 그러니 발칸포로 발목을 쏘아 생포하라. 그리고 목발을 독과점 품목으로 지정하여 노씨 문중의 한 사람에게 맡겨 장사하게 하라. 신호등 장사보다야 못한 짓이겠지만 박리다매(薄利多賣)로 이익을 챙기면 신호등 장사 못지않을 것이 아닌가? 민중의 지팡이가 민중을 두들기는 몽둥이가 되더니 급기야 민중을 사로잡는 포수가 되려나 보다.

여당의 한 당직자로부터 부활절 카드를 받았다. 여당 안에나 정부 안에도 기독교인들은 꽤 되는 모양이다. 예수는 새 생명을 주시기 위해 부활하셨다. 또 예수의 부활은 불의와 악한 세력에 대한 항거였다. 예수의 부활이 없었다면 그분의 혼은 구천에 떠도는 원귀가 되어 독재자들, 비겁한 자들, 일신의 영달만 꿈꾸는 자들의 잠자리를 얼마나 괴롭혔을까? 집권세력들 속의 기독교인들은 무엇을 하는가? 예부터 높은 자리에 앉은 녀석들이 종교의 이름으로 자기 뱃속만 채운 것을 모르는 바 아니지만 부활의 계절에 생명을 파괴하려는 흉계에만 골몰해 있는 까닭을 묻고 싶다. 내 자신의 문제만으로도 온통 가시에 찔림을 당하는 아픔을 맛보며 수난의 시기를 살아온 나는 요즘도 질식할 것만 같다. 🍃 (1989. 3. 26)

환경

이제는 멈춰야 한다

"안식일을 기억하여 거룩하게 지켜라. 엿새 동안 힘써 네 모든 생업에 종사하고 이렛날은 너희 하느님 야훼 앞에서 쉬어라. 그날 너희는 어떤 생업에도 종사하지 못한다. 너희와 너희 아들 딸, 남종 여종뿐 아니라 가축이나 집 안에 머무는 식객이라도 일을 하지 못한다." (출 20:8~10)

엿새 동안 일하고 이레째 되는 날 하루는 집안사람뿐 아니라, 그 집에 잠시 몸 붙여 사는 나그네도, 주인뿐만 아니라 종들도, 사람뿐만 아니라 가축들까지도 일상의 일을 멈추고 쉬라는 구약성서의 율법이 유대인 사회에서 교조주의적으로 변질되지 않았다면, 그것은 분명 지혜로운 삶의 한 방법이었다. 유대인들은 또 구약성서를 통해서 "칠 년째 되는 해는 야훼의 안식년이므로 그 땅을 아주 묵혀 밭에 씨를 뿌리지 말고, 포도순을 치지도" 말아야 하는 법도 가지고 있다 (레 25:4). 이 법이 그 사회에서 지켜졌을지 확실히 알 수 없지만, 여기서 우리가 주목할 점은 인간이 쉼으로 자연도 쉬게 된다는 것이고, 이 법의 정신은 인간과 자연이 함께 사는 하나의 보편적인 이치고 지혜라는 점이다.

8월도 중순에 접어들었고, 피서다 휴가다 오가던 발길이 뜸할 즈음이다. 쉴 겨를을 갖는 것이다. 쉼(息)이란 그침이다. 몸과 마음을 분주하게 움직이던 일상의 생활을 멈추어 산처럼, 나무처럼, 바위처럼, 물처럼 '저절로 그러하도록' 놓아두는 것이 쉼이다. 그러나 우리는 정작 쉴 겨를을 얻어 더 분주하게 오간다. 그래서 일하는 것보다 더 고단한 것이 우리의 쉼이다. 월요병이 생기고 휴가 뒤에 몸살을 겪게 되는 이유가 여기 있다. 몸과 마음을 잘못 쓰기 때문에 겪는 고통이다.

이때쯤이면 웬만한 산과 바다, 산골짜기나 강가는 많은 흠집이 났고, 온통 쓰레기 천지다. 우리의 그릇된 쉼이 우리 자신만 고달프게 하는 것이 아니라 자연까지 고달프게 만든다. 고달픈 몸이 몸을 앓듯이 고달픈 자연도 몸살을 앓는다. 지난 7월 말과 8월 초순의 집중호우와 태풍 '올가'가 지나면서 뿌린 비로 경기 강원 북부 지역의 피해가 말이 아니다. 우리는 이것을 놓고 천재니 인재니 따지지만 '지진과 태풍, 홍수와 회오리, 그리고 그 밖에 소위 자연 재해라는 것들은… 생명의 리듬'이다. 이런 자연의 사나운 몸짓은 신의 심술이나 자연의 심술이 아니라, 자연이 스스로를 치료하는 몸살이다. 몸살은 몸살이다. 앓을 만큼 앓아야 하고, 앓고 난 뒤에야 거뜬해지는 법이다. 우리의 그릇된 삶이 자연을 몸살 나게 만들고, 자연이 스스로를 고치기 위해 앓는 몸살을 우리는 수재라는 이름으로 함께 겪는 것이리라.

사람들이 많이 찾는 유명한 산이나 골짜기는 5년 주기로 '휴식년'을 갖는다. 자연에게 쉴 틈을 주자는 갸륵한 생각이다. 그러나 그런 제도로 정말 자연이 쉼을 얻을 수 있을까? 이곳에 가려던 숱한 발길이 저곳으로 더 몰리지 않겠는가? 자연은 하나다. 어느 한쪽이 병들면 한쪽의 성한 곳마저 병들게 된다. 행정 당국이야 '휴식년' 제도라도 만들어 잠시의 쉴 틈을 얻도록 해야 하겠지만 우리가 해야 할 일은 '성역' 없이 짓밟는 짓을 멈추는 것이다. 모처럼 얻은 쉴 겨를에 산지사방 쏘다니는 짓도 멈춰야 하겠지만, 이제는 개발이니 건설이니 탐사니 관광이니 하는 따위의 짓거리도 그쳐야 한다. 사람에게 알려진 지 일 년도 못 되어 상처투성이가 된 동강이 그것을 말해 준다.

 옛 지혜자는 "그칠 줄 알면 위태롭지 않다."(노자 44장)고 하였다. "참된 것을 구하려 애쓰지 말고 오로지 보기를 쉬라."(신심명 제10절)고도 했다. 종교인이 아니더라도 모든 사람살이는 하나의 길을 가는 것이다. 경의 가르침이 길을 가는 모든 사람을 위한 것이라면, 우리는 경의 가르침에서 지혜를 얻어 끝없이 질주하는 '욕망이라는 열차의 바퀴'를 멈춰야 한다. 멈추고 쉬는 만큼 살아가는 것도 덜 위태로울 것이다.

> 농촌

허리통이 굵어졌다!

지난 동짓달. 특별시에 사는 친구 목회자들이 승합차에 떨어지지 않은 헌 옷가지 한 보따리와 예배실에 쓸 방석 두 보따리를 싣고 왔다. 교인도 몇 안 되는 예배실에 방석만 가득하게 되었으니, 방석 수만큼이나 교회를 부흥시키라는 압력인지….

헌 옷가지는 화물 편에 내 고향 산골마을로 보냈다. 모가지만 붙어 있는 양말도 모내기 할 때나 땔나무를 할 때면 요긴하게 신는 사람들이고 보면 헌 옷가지는 일옷으로는 그만 아닐까? 옷이야 도시 사람들, 그것도 살 만한 사람들이 입었던 것일 터인즉 헌옷이라지만 새옷과 다름없을 것인데 하나도 못 입겠단다. "왜 못 입니?" 하고 동생에게 물어봤지만 그건 참 바보 같은 물음이었다.

내 고향 산골 아낙네들은 남정네들만큼이나 일을 해야 한다. 봄철이면 씨앗 뿌리기에서부터 김 매기, 농약 치기, 채소 심기, 채소 뽑아내기, 벼 베기, 벼 털기까지, 그리고 때로는 남편과 함께 땔나무를 하는 일까지 정말 남녀평등으로 일하며 산다. 아니 부엌살림, 빨래, 방 청소 따위는 아낙네들의 차지니 일하는 것으로 따지자면 확실히 여성상위시대를 살고 있다.

일을 하기 위해서는 힘이 있어야 하니 밥도 남정네들 못지않게 먹어야 하고 신체 조건도 튼튼해야 한다. 밥이 힘이고 허리가 힘이다.

장사가 따로 있남? 밥이 장사고 몸집이 곧 힘이 아닌감? 하루에 새참까지 합해서 다섯 끼는 먹어야 해지도록 일하지. 그렇게 먹고도 한 시간만 지나면 허출해지는 것이 농사꾼의 배 아닌감?

할 일 없는 사람들이야 하루 한 끼 그것도 고양이 밥만큼만 먹고도 살찐다고 에어로빅이니 다이어트니 하는 돼먹지 않은 짓거리로 진땀을 빼가며 긴긴 시간을 보내지만 내 고향 산골마을 사람들은 땡볕에서 진땀 빼며 일하기도 하루해는 짧다. 특별시 사람들이야 땀을 빼면 살이 빠진다지만 내 고향 사람들은 구슬땀, 진땀을 빼도 살이 빠지기는커녕 허리통만 굵어진다. 그런 허리통에다가 날씬한 허리통에 걸치던 옷을 입으려 했으니….

허리통이 굵어지는 것만큼 인생살이의 고달픔도 그 깊이를 더해가는 것을 몸으로 느끼는 고향마을 아낙들, 주섬주섬 그럴싸한 옷가지를 주워들고 한숨만 쉬었을 아낙들의 모습이 눈앞에서 사라지지 않는다. 🍃 (1989. 2. 12)

4·19 되살아 피어나리라

해마다 4월이 오면
접동새 울음 속에
그들의 피묻은 혼의 하소연이
들릴 것이요
봄을 선구하는
진달래처럼
민족의 꽃들은
사람들의 가슴마다
되살아 피어나리라

(수유리 4·19기념탑 비문)

  봄이다. 봄은 새로운 생명의 계절. 메말랐던 가지에 잎새 피어나고 찬 겨울 모진 바람 이겨낸 꽃잎들이 산천에 흐드러지게 피어 아름다움을 자랑한다. 모두 저토록 아름다운 것은 죽음같은 겨울의 시련을 이겨낸 때문이 아닐까?
  해마다 봄이 완연해질 무렵이면 우리는 어김없이 4·19를 되새긴다. 그때의 주역들이 국회의원이 되고 대통령이 되겠다고 나서는 마당이니 세월은 흐른 셈이다. 그러나 혁명의 열매는커녕 그 의미조차 바로 세우지 못한 것 같다. 아시다시피 4·19는 1960년 3·15 부정선거 때문에 일어났다. 그러나 그 원인이 꼭 부정선거 때문만은 아니다. 광복 후 15년 동안 독립운동가인양 애국자인양 하던 권력자와 그 주변집단의 본질이 드러나면서 혁명의 징조가 보였던 것이다. 그건 다시 나라를 세울 당시 이승만의 정치적 발판이었던 한민당이 친일 지주세력들 중심이었고, 뒤에는 미군정이 앞에는 일제에 충성하던 사람들이었던 것을 보면 알 수 있다.

    그때 교회는 무엇을 하고 있었나? 그때 교회는 이승만의 옆에 자리 잡고 있었다. 당시 기독교는 이승만과 그 집단들의 중심세력이 단지 기독교인이라는 이유만으로 그들을 적극 지지하였다. 그뿐 아니라 이승만 정권에 참여한 지도급 인사들 중 기독교인이 39%나 되었다. 서광일 교수(한신대, 한국사)는 "한국 기독교는 미군정의 하수인이 되어 토지문제 적산재산 처리문제 등에 대하여 일제하 지주계급이었던 한민당과 같은 이해관계를 가지고 있었다. 그 결과 기독교는 민족적 입장에서 친일세력을 용납하였고 사회적으로는 민중세력을 외면하여 일제재산을 대가 없이 수혜 받는 특권층이 되었다. 기독교는 이승만의 단독정부 수립안을 지지하였고 남북협상을 통한 자주적 민족통일 수립안을 거부하여 분단의 비극을 막지 못했다. 그러므로 한국 기독교는 분단에 대한 일단의 책임이 있다."고 지적한다. 덕분에 그 부패한 권력이 지배하던 시절에 불의에 항거하다 고난당한 기독교인이 단 한 명도 없었으니, 이는 그 못난 정치에 못난 기독교가 얼마나 충성하였던가를 보여 주는 것이다. 故 김주열 군이 눈에 최루탄을 맞고 숨진 채 마산 앞바다에 던져진 것을 비롯하여 군인과 탱크를 앞세운 정권에 의해 꽃다운 생명들이 폭도로 몰려 죽어갔는데도 교회는 아무 말도 하지 않았다.

그럼 자유당 정권이 무너졌을 때 한국교회는 지난날의 부끄러운 과거를 회개했을까? 독일 나치 정권의 포악한 행위를 침묵으로 동조하던 독일교회가 나치세력이 몰락하자 통회한 것처럼 숨져간 생명들 앞에 의를 요구하시는 하나님 앞에 무릎을 꿇었나? 물론 회개가 없었던 것은 아니지만 당시 〈기독공보〉를 보면 교회의 태도를 어느 정도 짐작할 수 있다.

"이승만이 대통령이 되고 이기붕이 국회의장이 된 것은 교회가 시킨 일이 아니다. 최근 이승만 정권의 불법 불의를 교회가 책임지고 교회 안에서 사직을 논하는 것은 잘못된 일이다. (중략) 교회는 이승만 이기붕 관계로 큰 죄를 진 것처럼 더 이상 떠들 것은 없다. 모든 책임은 개인적인 것이므로 하나님 앞에 회개하면 될 일이요 교단이나 교회의 잘못이 아니다."

개인적으로 회개할 일이라고 말하면서도 그들이 속했던 집단, 그들과 함께 권력의 맛을 누리던 교회가 회개할 필요가 없다고 말한 것은 참으로 비열하다. 선거 직전에 당신 기독교 지도자라고 자처하던 사람들이 교회가 정치에 관여하는 것은 부당하다고 하면서도 '기독교인과 비기독교인이 대립하면 기독교인을 뽑아야 한다.'고 주장했던 일을 생각하면 참으로 치사하기 짝이 없다. 4·19 일 주년이 되었을 때도 교회는 이승만을 변호하기에 급급했다. 그리고 5·16 군사 쿠

데타로 젊은 군인들이 정권을 빼앗았을 때도 교회는 '군사혁명위원회'의 성명을 적극 지지하였다. 그로부터 반세기가 지난 오늘까지 교회는 역사적인 중요한 계기가 발생할 때마다 힘 있는 자, 가진 자의 손을 들어주거나 불법과 부정 탄압에 침묵하였으니, 회의와 연민만 든다.

다행스러운 점은 교회 일부에서 4·19를 반성과 회개의 기회로 삼고 현실과 사회 속으로 들어가게 되었다는 점이다. 역사 속에 살아 활동하시는 하나님을 섬기는 교회가 젊은이들의 희생을 통해서야 비로소 정신을 차렸다고는 하나 아직 대다수의 교회는 설레설레 고개를 흔들 뿐이다.

4월이 되면 죽었던 넋들이 다시 살아나 의로운 죽음의 생명을 선포하는데 부활을 믿는 교회는 되살아나는 생명들 앞에서 할 말이 없다. 그것이 부끄럽다. 오늘은 부활절과 4·19가 겹치는 날이기에 더욱 그렇다. 부활은 고난이라는 불 속을 통과한 생명이다. 불의에 대하여 침묵하고 어찌 부활생명을 기대하겠는가? 정말이지 4월이 부끄럽다. (1992.4.19)

5·18 회개

"5월 하늘 금남로에 뿌려진 너의 붉은 피 … 5월 그날이 다시 오면 우리 가슴에 붉은 피 끓네."

기대도 했다. 조금의 희망도 가졌다. 붉은 피 끓는 가슴이 조금이나마 진정되리라 생각했다. 그러나 분노의 목소리는 여전하며, 광주에서는 대규모 집회를 연다는 소식이 전해질 뿐이다. 우울하다. '문민시대'를 외쳐대는 때에 '군부독재' 시대와 똑같은 울분을 토해내는 모습을 봐야 하기 때문이다. 나는 우울하다는 말로 표현하지만 광주의 형제자매들은 가슴이 찢어질 것이다.

다시 5·18을 맞으며 교회는 무엇을 생각할까? 정치적인 문제라고, 사회적인 문제라고, 지역적인 문제라고 외면할까? 그도 아니면 아직도 불순분자들의 데모였다고 생각할까? 그도 아니면 '전라도치들의 극성' 때문이었다고 생각할까? 안 될 말이다. 그건 너무 무지한 생각이다.

광주는 역사 속에서 일어난 일이다. 교회가 하느님의 나라를 전하고 그의 평화를 전하고 생명의 구원을 전하는 세상 한가운데서 고귀한 생명이 짓밟힌 것이다. '믿는 자 천국, 안 믿는 자 지옥'이라고 외칠 때 무지막지한 군인들이 저지른 지옥 같은 일이다.

교회는 역사 속에 자리 잡고 있다. 교회는 역사 속에 오셔서 불의한 사람들 때문에 희생당하고 부활하신, 예수 그리스도의 생명을 이어받은 존재다. 하나님은 역사 속에서 당신의 구원을 구체적으로 나타내시며 구원을 실현하신다. 그래서 우리는 "당신의 뜻이 하늘에서 이루어진 것처럼 땅에서도 이루어지이다."라고 기도드린다. 교회가 그 시대의 역사를 외면한다면 그것은 종교집단은 될지언정 하나님의 교회는 아니다.

우리 교회는 회개해야 한다. 그리스도인이란 잘못하지 않고도 회개하는 사람이라지만 한국교회와 교인들은 너무 많은 잘못을 저질렀다. 무고한 생명들을 희생시킨 총칼과 탱크를 막지 못함, 그 이전부터 권력자들의 편에 섰던 비기독교적인 태도, 그리고 아직도 광주항쟁으로 인한 고통을 '그들의 아픔'으로 치부하는 무관심, 더 나아가 그런 불의한 권력이 이 땅에 발붙이지 못하는 세상을 만들지 못했음을….

한국교회는 이제, 회개하여 거듭난 다윗이 리스바의 눈물을 닦아주었던 것처럼(삼하 21:14) 이 땅의 한을 풀 책임이 있다. 교회는 이제 "잘못되어 도망치는 일도 없고, 거리에서 아우성 소리도 없는(시 144:14)" 세상을 만들어야 한다.

역사
후세의 귀감

　사극(史劇) '조선왕조 5백년 인현왕후' 편이 지난 주 막을 내렸다. 역관의 딸 옥정(희빈)과 그의 오라비 장희재가 막강한 권력을 거머쥐고 무소불위(無所不爲) 날뛰다가 극형의 이슬로 사라진 것은 사화(史話)를 통해서도 아는 사람은 안다. 신문보도에 따르면 드라마 인현왕후는 상당한 시청률을 확보했던 것으로 알려졌는데 이는 단순히 드라마가 잘 되었기 때문만은 아닌 듯싶다.

　16년 만에 다시 열린 국정감사를 통해 나타난 군력 주변의 부정과 비리는 '이럴 수가 있을까'를 넘어선 그야말로 전대미문의 부패였다. 특히 전직 대통령을 중심으로 그의 일가친척들이 저지른 짓은 전제군주시대의 권력도 따르지 못할 만큼의 엄청난 비리였다. 자유민주주의와 의회정치 아래서 이럴 수가 있을까? 어처구니없는 탄식만 나온다.

　뿐만 아니라 못된 정권을 만들어 내는 과정에서 생긴 광주학살과 삼청교육대는 또 어떤가? 지난날 근거 없이 떠돌던 유언비어들이 사실이요 진실이었음이 증명되고 있으니 유비통신사(流蜚通信社)에 국민의 이름으로 언론상이라도 줄 만하지 않은가?

　그러나 어디 그들만 탓할 일이랴? 그들이 정치도 모르고 역사도 모르는 무지한 모리배들이었기에 고양이에게 생선을 맡기듯 호랑이에게 강아지 맡기듯 권력을 안겨 주었으니 옳거니 이게 웬 떡이냐 싶게 먹어치운 것뿐이겠지만 그들을 위대한 지도자로 추켜세우며 박수를 쳐 댄 사람들은 누구인가? 그 많은 언론과 교회와 종교인들과 정치인들은 무엇을 했으며 그들에게 붓 뚜껑 꾹꾹 눌러준 유권자들은 무엇을 했기에 이제 와서 그들에게 돌을 던져야 한다고 나설 것인가?

아직 때는 늦지 않았다. 5공화국 뿌리를 이은 6공화국 정권과 여당은 5공화국 비리, 특히 전두환 일가의 처벌에 대하여 전직 대통령 운운하지만 그건 억지일 뿐이다. 모 신문사에서 여론조사를 하였더니 94.2%가 정치적 혹은 사법적 제재를 해야 한다고 나타났다. 5공화국 권력자와 비리에 대한 제재는 보복이 아니다. 역사의 교훈으로 삼고자 함이다. 1945년 8·15 이후 반민특위가 해산되면서 일제잔재를 청산하지 못함으로 이어져 오는 불행을 생각할 때 지난 정권의 비리는 국민의 이름으로 심판받아야 마땅하다.

장희빈의 비행이 드러날 당시의 영의정 남구만은 이렇게 말한다. "이런 일은 하나도 숨김없이 낱낱이 밝혀 후세의 귀감이 되게 해야 합니다." 그렇다. 권력의 이름으로 백성을 속이고 강도질한 비리와 부정은 단호한 심판을 통하여 후세에 귀감이 되게 해야 한다.

> 장기수

6월의 아픔, 6월의 분노

우리의 3월에서 6월까지 민족사에 기념비가 되는 날과 함께 어두운 과거의 역사가 기억되는 날을 아울러 담고 있다. 뒤틀린 정치의 물줄기를 제 곳으로 흐르게 한 이 땅의 민초들의 숨결이 파도친 3·1만세운동, 4·19 5·18 6·10 6·26 국민항쟁…. 새로운 생명들이 움트는 계절에서 생명의 충만함이 한층 드러나는 여름으로 들어서는 길목까지….

특히 5월이나 6월, 현대사에서 지울 수 없는 날이 오면 나는 처절하면서도 감동적이던 함성을 떠올리며 시들어가는 생기에 힘을 얻는다. 알지 못하는 사이에 현실 속에 갇혀 버리는 자신을 다잡으며 살아 있음이 무엇을 의미하는지 깊이 생각하기도 한다. 한편으로는 무력을 앞세운 자들에게 무력하게 주권을 박탈당하면서도 무지하고, 무기력하고, 무감각했던 한 시대를 떠올리며 심각한 우울증에 시달리거나 끓어오르는 분노를 삭이느라 몸부림치기도 한다. 특히 요즘에는 국민의 분노에 항복하고, 대통령 직에서 물러난 뒤에는 국민 앞에 사죄한다며(사죄한다고 하기는 했으나 참된 사죄는 아니었다) 고개를 떨구던 사람들, 반란죄로 기소되어 사형 선고를 받거나 무기징역을 선고받아 감옥에 있던 사람들이 어느 새 세상에 낯을 내미는가 싶더니 이제는 나라의 지도자인양, 득도에 이른 선승인양 훈계하고 설법

하는 모습을 보는 심사가 말이 아니다.

　얼마 전까지만 해도 이 땅의 감옥에는 세계에서 가장 오래 독방 생활을 한 장기수와 그에 버금가는 장기수들이 갇혀 있었다. 해방과 더불어 남북으로 갈려진 분단과 처참했던 6·25 동족상잔 이후 조작된 정치 이념의 희생자들인 이분들은 '김대중 정부'가 들어서기 전까지 석방을 조건으로 '사상 전향서' 한 장 쓰기를 거부하고 한 번 왔다 가는 귀중한 인생의 절반을 어둡고 차가운 독방에서 보낸 것이다.

　사람들은 그까짓 전향서 한 장이 무엇이기에 그것 때문에 아까운 인생을 감옥에서 보내느냐고 비난하기도 하였겠지만, 글쎄! 그래서 사람들은, 무고한 생명들의 피를 거리에 뿌려 권력을 장악하고, 권력의 핵심에 있으면서 사람 사는 참 세상을 만들자고 몸부림치던 순결한 사람들을 반국가 이적 단체로, 불순분자로 몰아 감옥을 양심수로 채우고, 사회로부터 소외 시키고, 보통 사람으로서는 헤아리기도 쉽지 않은 돈을 온갖 부정과 불법으로 긁어모으고, 교묘하고 악랄한 수법으로 여론을 조작하여 국민을 속이며 권력을 유지하고, 사상 혹은 이념이 다르다는 단 한 가지 이유 때문에 반평생 감옥살이를 하는 이들에게 끈질기게 '전향서'를 요구하던 군사 독재자들에게조차, '전향서'는 고사하고 반성문 한 장 제대로 쓰지 않았음에도 그토록 너그러운 것일까?

　나는 언제인가 어느 신문 한 귀퉁이에서 '이럴 줄 알았으면 괜히 (사상 전향서를) 쓰고 나왔다'는 장기수의 탄식을 들었다. 나는 부끄럽게도 그토록 오랫동안 감옥 생활을 하신 분들의 이름을 하나하나 기억하지 못한다. 얼마간의 영치금이라도 보낸 적이 없다. 그러나 이분들에게 '사상 전향서'를 요구하였던 독재자들을 아무런 전향서도 받지 않고 온 나라에 분진을 일으키며 돌아다니도록 풀어 놓는 상황에서 이분들이 하루하루를 사는 것이 얼마나 고통스러울지를 생각하면 나는 가슴이 저리고 아프다.

벌써 열흘 가까이 서쪽 바다에서 남북 군인들이 쫓고 쫓긴다는 소식이 전해지고, 오늘은 기어이 교전이 벌어지고 말았다는 뉴스 속보를 듣고 있지만, 내가 마음에 두는 것은 정작 한반도의 정쟁 위기 따위가 아니라 이런 사태가 또 누구를 볼모로 잡는 데 이용될지 하는 것이다. 북쪽 사람들의 철부지 같은 행동과 남쪽의 지나친 해석과 그에 따른 대응이 행여 북녘하늘을 바라보면서 가족들과 만날 한 가닥 기대를 붙잡고 사는 이들의 가슴에 찬 물을 끼얹는 것이 되지는 않을까, 이런 사태를 기회로 삼아 만족 화해와 통일을 거부하는 세력들이 위기의식을 부추겨 국민을 정치적 볼모로 삼지는 않을까, 제 물 만난 물고기처럼 동으로 서로 오가며 과거의 영화를 꿈꾸는 자들에 의해 어느 지역 사람들이 정치적으로 볼모나 되는 것은 아닐까 하는 따위의 생각이다. 그리고 21세기니 어쩌니 하는 이때에 아직도 이런 따위를 우려해야 하는 오늘의 현실에 분노가 치민다.

선거

심부름꾼

제13대 국회의원 선거일이 눈앞에 다가오면서 후보자들의 선거운동이 활발해졌다. 의회정치가 민주주의의 꽃이라면 국회의원 선거가 뜨거워지는 것은 좋은 일이 아니요, 하나의 잔치처럼 치른다면 더욱 좋은 일이다. 그러나 문제는 그 열기가 타락 선거를 부채질하는 열기요, 잔치라는 점이다. 가는 곳마다 회식이요, 관광이요, 현금과 기념품 봉투다.

언필칭 국민의 종이 되겠다, 심부름꾼이 되겠다 하면서 향응을 베푸는 꼬락서니들은 도대체 후보자들이 외쳐대는 말의 진실을 찾으래야 찾을 수 없는 목불일견(目不忍見)이요, 대변자를 뽑을 권리를 가진 유권자들은 '찍어줄 테니 내 놓으라' 는 식이니 이건 선거 열기도 아니고 잔치는 더욱 아닌 망조 들린 짓거리일 뿐이다.

지난해 봄을 생각해 본다.

당시 뜨거운 불길처럼 번지던 개헌 논의에 대통령이었던 전두환은 4·13 호헌을 선언하였다. 그때 집권여당은 물론 친여세력과 권력 주변에서 맴돌던 사람들은 그 길이 구국의 길이라고 박수를 쳐대며 개헌하자는 말을 마치 빨갱이들의 선동쯤으로 몰아 세웠다. 그러다가 6월 항쟁으로 당시 민정당 대표위원이었던 노태우가 이른바 6·29 선언을 하고 며칠 후 대통령 전두환이 그 선언을 받아들였을 때

4·13 호헌 선언에 박수를 치던 사람들은 당연히 그것이 망국의 길이라고 주장했어야 하는데 정반대로 대통령의 위대한 결단이라고 박수를 쳤다. 지나간 일을 돌아보자고 이 일을 되새기는 것은 아니다. 이래도 구국이요 저래도 구국이요, 이래도 민주화요 저래도 민주화라고 박수를 쳐대던 사람들이 이번 국회의원 선거에 출마하여 민주화와 위민 충정을 침 튀기며 뱉어대는 모습이 보기가 역겨워서 하는 소리다. 이들이 지금 나서서 국민의 종이 되고 심부름꾼이 되고 봉사자가 되겠다고 선물 꾸러미 건네며 '나를 부려주십시오' 하니 여간 딱한 노릇이 아니다.

"같은 샘 구멍에서 단물과 쓴물이 함께 솟아 나올 수 있겠습니까?(야 3:11)"

성서는 한 샘이 두 가지 물을 낼 수 없다고 말씀한다. 물을 내는 샘의 근원이 바뀌지 아니하고는 물이 바뀔 수 없다. 정책이나 정당 이념에 상관없이 오직 국회에 나가기 위해 오락가락 하는 자들, 정치적 주체성이나 일관성도 없이 권력의 주변에 빌붙어 박수나 쳐대는 자들을 국회로 보내고 민주주의를 바란다는 것은 마른 하늘에서 소나기가 쏟아지기를 기다리는 것보다 더 아득한 바람일 것이다.

(1988. 4. 17)

> 지도자

먼저 몸을 잘 닦는 것이 어떨지

산책을 나섰다. 마을 한가운데로 흐르는 작은 개울둑을 따라 걷는다. 산골짜기에서 내려오던 물이 저수지에 막혀 작은 물줄기에 불과하지만 물은 물이다. 밋밋한 내리막 돌 틈을 헤집고 흐르면 여울물이 되고, 평평한 곳에서는 잔잔한 호수가 되고, 시멘트 콘크리트로 만든 보(洑)를 넘어 흐르면 작은 폭포가 된다. 눈으로 보자면 높은 곳에서 우렁찬 소리를 내며 떨어지는 폭포라야 맛이겠지만 귀로 보면 이만해도 폭포로서 모자라지 않는다. 비록 물 떨어지는 소리가 작을지라도 나 하나쯤 넉넉히 품을 수 있기 때문이다. 꼭 큰 물줄기여야만 하는 것이 아니구나. 이렇게 작은 개울이지만 호수도 있고, 여울도 있고, 폭포도 있으니 그만 아닌가? 사람살이도 그렇겠지. 이른바 성공하고, 출세하고, 명예를 얻어야만 하는 것은 아니리.

고요히 속살까지 드러난 물 속에서 피라미 떼가 노닌다. 녀석들, 춥지도 않은지 옷가지 하나 걸치지 않고도 잘 논다. 신통하다. 저 녀석들에 비하면 인간의 모습이란 얼마나 딱한가? 속옷, 겉옷에 외투까지, 그것으로도 모자라 생명이 있는 것들을 잡아 가죽을 벗겨 손에 끼고, 목에 감고, 온 몸에 휘두르고도 결핍증에 걸려 있지 않은가? 권위니, 지위니, 명예니 하는 따위들로 칭칭 감은 것은 또 어떻고.

총선 시민연대에 의해 낙천, 낙선 대상자로 찍힌(?) 사람들은 그렇게 칭칭 감았던 것들을 한꺼번에 털릴 위기에 놓였으니 부아가 나는 것일 게다. 제 구실 제대로 하지 못하면서도 이런 저런 줄을 타고 수십 년씩 누려 왔고, 앞으로도 놓고 싶지 않고, 자손 대대로 물려주고 싶은 권위와 지위와 명예의 토대가 새천년 새봄에 거친 땅거죽을 뚫고 돋아나는 새싹같이 여린 시민운동에 의해 한순간에 흔들리게 된 것을 인정하고 싶지 않을 것이다. 가소롭기도 하고 두렵기도 할 게다. 어떻게 얻은 자린데, 어떻게 얻은 이름인데 그것을 하루아침에 놓칠 수 있겠는가?

그러나 흐르는 물을 막을 수 없듯이 역사의 흐름과 함께 변화하는 민심 또한 그런 것이다. 그래서 '도도하다'고 하지 않던가? 거만한 것이 아니라 막힘없이 기운차게 흐른다는 뜻이다. 설령 이번에는 어물쩍 넘어간다 해도 다음번에는 어림없을 것이다. 정치판에서 잔뼈가 굵은 사람들이 이것을 모를 리 없을 것이고, 그래서 그들은 무슨 수단을 써서라도 솟아나는 새싹을 동토에 가두어두거나 줄기를 잘라 버리고 싶은 속내를 감추지 않는 것이다.

그러나 그렇게 하지 않더라도 방법이 없는 것은 아니다. 다른 술수를 구하지 말고 '잘 살아 보시라.' 잘 사는 것은 잘 먹고, 잘 입고, 떵떵거리며 사는 것이 아니다. 개발 독재자들이 '잘 살아 보세'라는 주문(呪文)을 건 이후 이 땅의 많은 사람들이 아무렇든 돈만 많이 모으면 그것이 잘 사는 것이라고 여기게 되었지만 천만의 말씀이다.

정말 잘 사는 것은 '선'(善)하게 사는 것이다. "사람들이 사는 동안에 기뻐하며 선을 행하는 것보다 더 나은 것이 없다"(전 3:12)고 하지 않았나. 선하게 살라니, 착하게 살라는 말인가? 아니다. 최상의 선은 물과 같다(上善若水: 도덕경 8장)고 하였다. 삶이 물 같아지도록 제 한 몸 잘 닦는 것이 바로 선이고, 잘 사는 것이고, 자신을 위한 길이고 남을 돕는 길이다.

'수신제가치국평천하'(修身齊家治國平天下)라 한다. 제 몸을 잘 닦은 뒤에 무엇을 하라는 말이 아닐 것이다. 제 몸 닦는 것이 집안을 바로 잡는 것이고, 제 몸을 닦는 것이 나라를 잘 다스리는 것이고, 제 몸 닦는 것과 세상을 평화롭게 하는 일이 다르지 않다는 뜻일 게다. 가끔 고속도로에서 미친 듯이 운전을 하다가 사고를 내서 끝이 보이지 않을 만큼 자동차가 늘어서게 하는 친구들을 보면 알 수 있지 않은가? 지난해, 무슨 코트니 뭐니 하는 따위 문제로 일년 내내 나라꼴이 어떠했는지를 생각해 보아도 알 수 있지 않은가? 총선 시민연대가 왜 '이런 사람은 안 된다'고 하는지 그 이유를 보면 더 말할 나위 없지 않은가?

그러니 국민과 나라를 위해 봉사하겠다거나 지도자가 되겠다고 얼굴을 내밀려드는 사람은 먼저 자신의 몸을 잘 닦는 것이 옳지 않은지.

사순절
가난하고 불편하게

성회수요일부터 사순절이 시작된다. 사순절을 의미하는 Lent는 라틴어 Lenten에서 온 말이다. Lenten은 봄이라는 말이니 절기로 보아 수난에서 부활로 이어지는 기간을 봄과 연관시킨 것이 우연은 아닌 듯싶다. 겨울 없이 봄을 맞을 수 없는 것처럼 수난 없는 부활은 있을 수 없다.

교회는 이맘때쯤 금식이니 새벽기도회니 하면서 야단법석을 떨지만 변죽만 울려댈 뿐 교회가 더 새로워지는 것도 신앙이 더 돈독해지는 것도 세상에 빛줄기를 뿌려 대는 것도 아니다. 의식과 겉치레로 끝나는 경우가 대부분이다.

부자청년이 예수께 물었다.

"선생님, 제가 무슨 선한 일을 해야 영원한 생명을 얻겠습니까?" (마 19:16)

이 질문은 예수께서 수난 받는 것을 예고하는 두 번째 예고와 세 번째 예고 사이에 놓여 있다. 예수는 이 질문을 한 청년에게 금식을 하라든지 철야를 하라든지 또는 특별기회의 시간을 가지라고 가르치지 않았다. 단지 하나님이 주신 계명을 잘 지키라고 하셨다. 청년이 그것을 다 수행했다고 자신 있게 말하자, 이번에는 있는 것을 다 팔아서 가난한 사람들에게 나누어주고 나를 따르라고 하셨다. 이 말씀에 부자청년은 근심하며 떠났다. 예수는 즐겁게 영생을 얻으려는 사람에게 근심 한 가지만 보태주셨다. 아니 그 스스로 근심을 얻어 가지고 돌아갔다. 그런 일은 지금도 계속 우리 가운데서 일어난다.

가진 것으로 부족해서 무엇인가 더 움켜쥐려 하고 누릴 것 다 누리면서 또 한쪽 손에서 영생이라는 '떡덩이'까지 거머쥐려는 것을 예수는 용납하지 않으신다. 어쩌면 예수께서 용납하시려 해도 할 수 없을 것이다. 왜냐하면 그것은 그의 세계에서는 통하지 않으니까! 기름기 있는 것을 창고에 가득 쌓아놓고 기름기를 끊는다거나 대낮에 낮잠 자면서 한밤을 지새우는 따위로 예수의 환심을 살 생각은 아예 갖지 않는 것이 근심을 한 가지라도 더는 방법일 것이다.

우리는 넉넉하고 편안하게 사는 데 너무 익숙해졌다. 그러니 이 사순절 기간에나마 조금이라도 가난하고 불편하게 사는 법을 배우자. 예수는 부활하셔서 지금 하나님 우편에 계신다. 우리가 건방지게 예수의 고난을 슬퍼하고 연민할 이유가 없다.

우리는 오늘도 예수의 부활생명 속에서 살아간다. 그럼으로 사순절 기간을 기도의 기간으로 정하려면 우리의 시건방진 생활태도를 하나라도 고치는 기회로 삼아야 한다.

먹어야 할 것 덜 먹고, 입어야 할 것 덜 입고, 좀 더 불편하게 생활하며, 남은 것이 있다면 그것을 우리 주머니에 그대로 두지 말자. 있는 것 다 팔아 남 줄 용기가 없으니 최소한 그렇게라도 해 봐야 하지 않을까. 🍃 (1993.2.21)

헌금
본 교회는 없다

텔레비전 채널을 이리저리 돌리다가 기독교 텔레비전 채널에 맞췄다. 마침 이름만 대면 알 수 있는 교회의 이름 난 목사님의 설교를 방송하고 있었다. 내용의 대략은 이렇다.

" … 사회 활동도 좋습니다. 고아원이나 양로원을 찾아가 봉사 활동을 하는 것도 좋습니다. 가난한 사람들을 돕는 것도 좋고, 개척 교회에 선교 헌금을 하는 것도 좋습니다. 그러나 이 모든 것은 '본 교회'에 하고 난 다음에 해야 합니다. 본 교회에 봉사하고 남는 시간으로 봉사하고, 본 교회에 헌금하고 남는 것으로 구제도 하고 선교도 해야 합니다. 요즘 본 교회에 해야 할 것을 밖에다 하는 성도님들이 계시는데 이것은 잘못된 신앙입니다. 왜 그런지 아십니까? 교회는 예수 그리스도의 몸이기 때문에 그렇습니다. 예수 그리스도의 몸인 교회에 봉사하지 않고, 헌금하지 않고, 어떻게 사회에 봉사하고 개척 헌금을 할 수 있습니까? … "

이쯤 되면 아찔하다. 더 이상 들을 이유 없겠다. 도대체 '본 교회'란 무엇인가? 자신이 다니는 교회를 '본 교회'라고 말하는 것을 몰라서 묻는 것이 아니다. 자신이 다니는 교회만 본 교회라면 다른 교회는 무슨 교회인가? '본 교회'가 예수 그리스도의 몸이라면 다른 교회는 부처님의 몸인가, 공자님의 몸인가?

　예수의 사람들에게 교회는 하나뿐이다. 모든 교회는 하나의 교회이다. 예수의 사람들은 교회를 목적으로 하지 않는다. 예수의 사람들은 다만 교회를 통하여 예수의 가르침을 받아 이웃을 섬기고 사랑하며 하느님의 나라로 향한다. 거기에는 네 교회, 내 교회가 있을 수 없다. 따라서 본 교회니 다른 교회니 하는 따위의 말이 있을 수 없다.

　성서는 '어디 어디에 있는 교회'라고 말한다. 고린도서는 '고린도에 있는 하느님의 교회'에 보낸 편지다. 갈라디아서는 '갈라디아에 있는 여러 교회'에 보낸 편지다. '여러 교회'란 흩어져 있는 교회를 표현한 것이지 따로따로 독립된 교회를 의미하는 말이 아니다. 모든 교회는 무슨 이름표를 달았든 한 지역에 있는 교회요, 하나의 교회이면서 흩어져 있는 교회를 의미한다. 그런데 본 교회라니?

　사람들이여! 교회를 지상 최대의 목표로 삼는 사람들의 말을 믿지도 말고 따르지도 말라. 십일조는 '본 교회'에 해야 복을 받는다고 '설 푸는' 사람들의 말을 따르지 말라. 이미 받은 것이 있기에 열의 하나를 구별할 수 있는 것 아닌가? 그것은 이미 내가 하느님께로부터 복을 받았다는 고백인데 무엇을 더 바라면서 십일조를 한다는 말인가?

　사람들이여! '본 교회'에 충성해야 바른 신앙이라고 주장하는 사람들의 말을 믿지도 말고 따르지도 말라. 예수의 사람들은 이 세상을 하느님의 나라로 변화시키기 위해 섬기며 사는 사람들이다.

　교회는 하나의 교회일 뿐이다. 🍃 (2004. 1. 2)

죽어야 할 존재가 살았다면

이 세상에 없는 것처럼 살려고 했다. 동창회에 나오라고 해도, 동문회에 나오라고 해도, 어디에서 글 몇 줄 써달라고 해도, 이 세상에 없는 것처럼 살려고 하는데 이제 어디에 얼굴을 내밀고 이름을 올리겠느냐며 거절하였다. 그러니 누구에게 더 알려져야 할 까닭도 없고, 누구를 더 알아둬야 할 까닭도 없고, 여기저기 다니며 누구를 더 만나야 할 까닭도 없었다.

그런데 오늘 아침에 보니 죽어 있어야 할 내가 살아 있는 것이다. 죽어 있어야 할 존재가 살아 있으니 이게 정상이 아니다. 죽어 있어야 할 존재가 살아 있는 것은 나만이 아니다. 요 며칠 사이에 뜨거운 말싸움을 일으키는 국가보안법이 그렇다.

법에 대해 아는 것이 없는 내가 법의 존폐 여부를 논하는 것은 가당치 않은 짓이지만 국가보안법에 대하여 내가 아는 세 가지 분명한 것이 있다. 하나는 이 법이 몇 살만 살고 이 세상에서 사라졌어야 할 놈인데 반세기 넘게 너무 싱싱하게 살아 있다는 것이다. 또 하나는 이 법이 나라를 잘 지켜준 것이 아니라 독재 권력을 유지하는 데만 엄청난 공을 세웠다는 것이고, 나머지 하나는 이 법으로 수많은 사람들이 희생되거나 고통을 당하였다는 점이다.

그렇다. 반대도 할 수 있고 찬성도 할 수 있다. 열린 사회에서 어떤 사안에 대해 한 가지 의견만 있을 수는 없기 때문이다. 그러나 찬성을 하든 반대를 하든 정파적 계산에서 나오는 주장이어서는 안 된다. 국가보안법에 피해를 입었기 때문에 폐기해야 한다고 주장해도 안 되고, 국가보안법으로 이익(?)을 얻었다고 해서 존속시켜야 한다고 주장해서도 안 된다.

그것은 그야말로 대의를 바탕으로 한 논쟁이고 찬반이어야 한다. 이 법이 자유 민주주의의 대의에 맞고, 헌법 정신에 맞고, 사람이 사람답게 살 수 있는 상식에 맞느냐 하는 문제를 중요하게 여겨 토론도 하고 논쟁도 하고 찬반 의견을 표현해야 한다.

웬만한 사람이면 국가보안법이 어떤 법인지는 귀동냥으로 들은 것만으로도 알만큼 안다.

그러나 내가 국가보안법을 폐지해야 한다고 목청을 높이는 단 한 가지 이유는 그 법이 하느님 나라에 어울리지 않는 법일 뿐만 아니라 이 세상에서 가장 좋은 제도라고 주장하는 자유 민주주의에도 어울리지 않기 때문이다. 하여 말하노니, 국가보안법은 폐지해야 한다. 국가보안법은 특정 집단과 권력을 보호하였을 뿐 이 나라를 보호하지 않았다. 이 나라는 국가보안법에 의해 여기까지 온 것이 아니다.

다시 말하노니 국가보안법은 폐지해야 한다. 국가보안법을 폐지하자. ◉ (2004. 9. 10)

진실
우리는 혼란스럽지 않다

국민이 혼란스럽게 여긴다? 아니다. 전혀 혼란스럽지 않다.

국민이 호기심을 가지고 있다? 아니다. 국민들은 호기심으로 보고 있는 것이 아니다. 국민들은 단지 사실에 근거한 진실이 드러나는 것을 바라고 있다.

대중 민주주의라는 것이 그럴싸하게 보이지만 지금 당장 그 한계가 눈앞에 드러난다. 국민들은 원하지만 국민이 바라는 대로 이루어지지 않는 것이 지금 당장 눈앞에 드러나고 있다.

정치권은 제각각 이해관계를 따진다. 이것이 밝혀지는 것이 좋으냐? 밝혀지지 않는 것이 좋으냐? 물론 국민의 입장에서 저울질하는 것은 아니다. 제각각 당리당략에 따라 저울질하는 것이다.

이른바 'X파일'이 세상에 알려지면 누가 가장 큰 상처를 입는가? 국민이 상처를 입는가? 아니다. 국민들의 잘못이 드러나는 것이 아니므로 국민은 상처를 입을 것이 없다. 또한 국민은 면역이 되었다. 그것이 어제 오늘의 일이 아니므로. 정치, 경제, 언론이 얽히고설켜 이 땅에 저지른 죄악이 어떠한지를 잘 알고 있으므로. 하여 오늘 이 땅의 국민은 혼란에 대한 두려움도 아닌, 호기심도 아닌, 단지 사실을 밝혀 진실이 드러나기를 바랄 뿐이다.

감청 도청이 불법인가? 그렇다. 불법이다. 그건 명백한 범죄 행위이다. 그 죄는 그대로 재판에 의해 판결되어야 한다. 그렇다면 도청의 대상이 된 정치·경제·언론의 검은 거래는 정당한가? 도청에 의해 저들의 검은 거래가 폭로되었다 해서 그들의 죄악은 면죄되어야 하는가? 아니다. 도청은 도청대로, 도청에 의해 밝혀진 정치·경제·언론의 부패 비리는 그대로 또 재판에 의해 판결되어야 한다. 불법으로 밝혀졌을지라도 그 속에 담긴 부정과 비리가 옳은 것이라고 할 수 없다면 그 사실과 내면의 진실이 밝혀져야 하는 것은 참으로 당연한 것이다.

국민은 도청 테이프 274개 속에 어떤 내용이 담겨 있을까 의문스러워하는 것일까? 또 그 속에 담긴 내용이 밝혀진다고 해서 혼란스러워하겠는가? 아니다. 국민의 바람은 단 한 가지, 이 썩어 문드러진 세상 속에서 일어나는 가진 자들의 저 추악한 모습이 낱낱이 드러나서 이제 더는 저들이 주인이 아니요, 민초가 주인인 것을 확인하고 그 권리와 책임을 다하고 싶을 뿐이다.

하니 국민이 염려하여 'X파일'을 밝히는 것이 좋으니 어떠니 하는 따위들로 논쟁하지 말라. 지금의 국민은 그대들의 동정이나 염려를 받아야 할 대상이 아니라 그대들을 선택할 권리를 지닌 진정한 주인이다.

이제 그 시시콜콜한 말장난을 멈춰라. 그리고 겸허하게 무릎을 꿇으라. 나머지는 이 땅의 주인인 국민이 판단하리라. 🍃 (2005. 7. 30)

전 목사는 은퇴 후 고향으로 가서 소 몇 마리 키우는 게 꿈이라고 했다.(전생수 사진)

가족이야기

세상에서 가장 소중한 보물

하느님께선 모든 사람의 인생 속에 보물을 묻어두셨다.
삶이란 하느님이 묻어 놓으신 보물을 찾는 것이란다.
네 인생 속에도 훌륭한 보물이 묻혀 있다.
그 보물을 잘 찾기 바란다.
자신의 삶을 잘 살면 날마다 생일이다.
또 날마다 생일이어야 아름다운 삶이 된다.
너의 인생이 아름다워지도록 힘쓰려무나.

* 전생수, 박영자, 전한나, 전보람은 한가족이다.
전생수 목사가 쓴 가족사랑이 묻어나는 '동화-사람들이 못 알아들어서 그렇지'와
두 편의 글, 소천 후 가족의 삶과 사랑을 담았다.

아이야, 일어나라

아이야, 요즘 교통사고가 얼마나 흉악스러우냐?
그래서 나는 네가 교통사고를 당했다는 소리를 듣고 가슴이 철렁 내려앉는 것 같았단다. 네가 입원했다는 병원으로 가기 위해 네 동생을 데리고 가면서 "누나가 병원에 입원했대." 하니 네 동생이 "왜?" 하고 묻더라. 차에 부딪혔다고 하니 동생은 거짓말 같다고 하더구나. 그래, 네 동생처럼 나도 그 두려운 소식이 거짓말이길 바라면서 바삐 병원으로 갔단다.

병원에 가니 너는 뇌 촬영을 위해 컴퓨터 촬영실로 들어갔고 사고를 낸 아저씨와 아주머니, 그리고 걱정스러운 표정으로 엄마가 있더구나. 사고를 낸 아저씨가 "잘못했습니다." 하더구나. 그 사정을 들어보니 횡단보도로 건너지 않은 너의 잘못도 있더구나. 그러나 누가 잘못했느냐를 따지는 것보다는 서로 자기 잘못을 시인하고 서로 이해하고 받아줄 수 있느냐가 더 중요하다는 생각이 들더라. 잘못하고도 잘했다고 우겨대는 세상에 자신의 잘못을 사과할 수 있다는 것은 얼마나 용기 있는 일이냐? 네가 들것에 실려 나왔을 때 우리는 이렇게 기도했는데, 기억하니?

"하나님, 위험한 지경에서 이렇게 지켜 주신 것을 감사드립니다. 사고를 낸 아저씨 아주머니의 마음도 평안케 해 주세요."

서로가 서로를 위로하면서 격려할 수 있는 것은 참으로 이 땅에 평화를 이루는 시작이라고 생각한단다.

아이야, 어떤 이들은 연초에 네가 다친 것을 불길하게 생각하기도 한단다. 하지만 너를 친 자동차가 아무리 천천히 달렸다 해도 그 튼튼한 차에 부딪힌 어린 네가 그 정도밖에 다치지 않았다는 것! 이건 기적이다. 네 속옷이 검은색 물이 들 만큼 심한 충격을 받았는데도 너의 그 약한 가슴뼈가 멀쩡하고, 머리도 뼈에 금만 갔을 뿐 뇌에는 아무 손상이 없다니… 거기다가 입원 하루 만에 명랑한 표정을 짓던 너의 모습… 이 모든 것은 하나님이 너를 사랑하신다는 증거 아니겠니?

중요한 것은 주변의 많은 분들이 우리를 사랑한다는 사실이다. 네가 병원에 입원해 있는 동안 교우들과 목사님들 그리고 선생님들이 찾아 주신 것 너도 알지? 먼 곳에서는 고모들이랑 아빠 친구들이 전화를 해 왔단다. 네가 조금은 답답하고 고생도 되지만 사고로 인해 우리는 주위에 우리를 사랑하는 분들이 많다는 사실을 확인했단다.

사람들은 가끔 사랑을 잊고 산단다. 이번 너의 사고는 우리에게 사랑을 다시 한 번 확인해 준 셈이다. 누군가의 사랑이 주위를 감싸고 있음은 행복이란다. 그래서 사람은 사랑을 먹고 산다고 말하는 거란다.

아이야! 일어나라.

일어나서 사랑하는 사람으로 자라거라. 네가 받은 사랑보다 더 따스하고 부드러운 사랑의 입김을 불어내며 자라나거라. 그래서 온통 이 세상이 사랑의 불꽃으로 가득하게 만들어 나가려무나.

(1990. 1. 14)

자식 된 도리

장인어른이 쉰아홉에 암으로 세상을 떠나실 때, 성년이 채 안 된 아들보다는 큰사위인 내가 뭔가 해 드릴 수 있으리라 생각하셨나 보다.

"한나 아범, 나 큰 병원에 데려다 주게."

큰 병원에 가보셔야 나을 가망이 없어 보였거니와 당신 형편으로는 도저히 그럴 만한 여유가 없어서 건성으로 "예"하고 말았는데, 이틀 뒤 장인어른은 세상을 떠나셨다.

2년 전 여름이었다. 일년에 고작 서너 번 고향을 찾는 못난 아들 탓에 아버지께서 아이들도 보실 겸 우리 집을 찾아오셨다. 베니아 합판으로 칸을 막은 네 평짜리 단칸에서 아들 며느리 손녀 손자와 하룻밤을 지내시고 돌아가셨다. 겨우 두부찌개와 고등어 한 마리를 대접해 드렸을 뿐인데, 생전 처음 맛나게 잡수셨다고 하셨다. 아내가 전한 바로는 가시는 길에 몇 번씩 뒤돌아 보셨다고 한다. 그러고는 그 해 겨울을 넘기지 못하고 돌아가시고 말았다. 당신이 찾아 오셔서 못난 자식들에게 작별인사를 하신 셈이 되고 말았다.

이제 남아계신 어머니와 장모님의 바람이 아버지의 바람과 별반 다르지 않다는 것을 알면서도 그런 바람을 채워드릴 수 없어 송구스럽기만 하다. 그건 여전히 나에게 관심 없는 일이기 때문이며, 나를 목사로 세우신 그분의 뜻에 달린 문제라고 믿기 때문이다.

마음에는, 그리 넉넉하지는 못해도 아끼고 아껴서 그 흔한 구경도 시켜드리고 맛난 음식도 대접해 드리고 하루 이틀 정도라도 편하게 모실 수 있는 형편을 그리워하는 것도 사실이다. 그러나 그렇게 하기 위하여 일부러 그런 자리(교회)를 찾지는 않는다. 그러고는 '그런 게 뭐 대수로운 일입니까? 어머님들, 제가 어머님들께 효도하는 것은 어느 한 모퉁이에서는 꼭 필요한 일을 하는 것이라고 생각들 하세요.'라고 말하고 싶어도 그냥 입에서 우물댈 뿐이다. 그게 혹 고르반이라는 말과 같은 것이 아닐까 싶어서….

올해 어버이날도 역시 전화 한 통화로 자식 된 도리를 땜질하고 말았다.

"건강하시고 오래 사세요."

사람들이 못 알아들어서 그렇지

　비가 내리는 봄날, 꼬마동이와 아빠가 나들이를 합니다. 나들이라 하지만 걸어서 30분쯤 걸리는 어느 집에 가는 길입니다. 꼬마동이는 엄마의 예쁜 양산을 쓰고 아빠는 한쪽 끝이 떨어져 우산살이 삐죽이 나온 헌 우산을 씁니다. 아빠가 쓴 낡은 우산에 뚫린 구멍으로 빗방울이 굴러내려 한쪽 옷깃을 촉촉이 적십니다. 도랑물은 하루 종일 내린 비로 흙탕물이 되어 흐릅니다. 질척한 길이지만 모처럼 아빠와 나들이를 하는 꼬마동이는 마냥 즐겁기만 합니다.

"아빠, 저 물은 왜 저래?"
"비가 와서 그래."
"비가 오면 왜 저렇게 되나?"
"비가 오면 흙이 파이고 흙물이 되어 저런 거야."
이번에는 아빠가 묻습니다.
"저 물이 어디로 가는지 아니?"
"바다로 가지. 근데 바다도 저렇게 흙물이겠네?"
"왜?"
"흙물이 바다로 가니까."
"아니야. 바다는 아무리 많은 흙물이 들어가도 파랗단다."
"그럼 바다는 파랗기만 해?"
"그럼."

"바다는 참 좋겠다."

아빠는 꼬마동이에게 거짓말을 한 것입니다. 공장에서 나온 썩은 물, 우리 집에서 나간 하이타이 풀은 물, 기름 찌꺼기 그리고 땅에서 흘러들어간 온갖 쓰레기들로 회색 바다가 되기도 하고, 붉은 바다가 되어 고기가 살기 어렵다는 것을 아빠는 숨긴 것입니다.

꼬마동이는 쉬지 않고 재잘거립니다.

"아빠, 나 벙어리 할아버지 어디 사는지 안다."

남의 집 머슴살이를 하는 말 못하는 할아버지를 말하는 겁니다.

"어디 사시니?"

"저어기."

꼬마동이는 그래도 마을에서 번듯하게 지은 집을 가리킵니다. 굴뚝에서 하얀 연기가 땅으로 내리는 빗줄기를 뚫고 하늘을 향해 천천히 솟아오릅니다.

"아빠, 저 집에서 왜 연기가 나?"

"몰라. 아마 벙어리 할아버지의 한숨인지도 모르겠다."

한숨이 뭐냐고 묻는 꼬마동이의 물음에 아빠는 대강 얼버무려 대답하고 말았습니다.

"아빠, 할아버지는 왜 말을 못해?"

"네가 알아맞혀 봐."

"아파서 그랬겠지, 뭐."

"그럴까?"

"그 할아버지 말을 못해 참 안 됐다."

"아니야, 할아버지는 말을 하실 거야. 사람들이 못 알아들어서 그렇지."

"정말?"

"그럼. 사람들이 남의 말을 들으려 하지 않기 때문에 할아버지가 하시는 말을 못 알아듣는 거야. 또 할아버지는 누구보다도 하시고 싶은 말이 많으실 거야."

"그럼 사람들이 왜 할아버지 말을 못 알아들어?"

"음 … 그건 욕심 때문이기도 하구 … 뭐, 그렇단다. 편하고 넉넉하게 사는데도 남의 말을 못 알아듣는단다."

"으응."

그칠 줄 모르는 빗줄기처럼 꼬마동이와 아빠의 이야기도 그치지 않습니다. (1985.3.5)

1997년 성탄절 행사에서 찬양하는 전생수 목사 가족

전생수 목사의 가족이야기

* 취재·글 / 이기록 목사(현 추평교회 담임)

세상에서 가장 소중한 보물

가족이야기를 몹시 아낀 사연

전생수 목사는 가족의 이야기를 무척 아꼈다. 그의 설교나 글에서 가족이야기를 찾기는 쉽지 않다. 왜 그랬을까? 그의 인생에서 민주화 운동과 교회의 개혁과 목회가 중요했기에, 가족들은 늘 뒷전이 아니었나 싶을 정도로 그는 가족의 이야기를 하지 않았다.

그가 하나님의 품으로 돌아간 지 100일, 가족사진과 그의 목사 안수패와 그가 받은 감사패를 세우고 유족들과 예배를 드렸다. 그러고 나서 나는 유족들에게 아주 짓궂게 물었다.

"형님께서 가족이야기를 별로 하지 않은 것은 가족들에게 무관심하고 당신이 하고 싶은 일만 했기 때문이 아니었을까요?"

유족들은 나의 당돌한 질문에 당황하지 않았다. 그리고 그와 함께 살아왔던 이야기들을 신나게 털어놓기 시작했다.

가족이야기의 결론부터 얘기하자면, 전생수는 가족들을 무척이나 사랑했다. 그가 가족이야기를 아낀 이유는 그의 가족들이 세상에서 가장 소중한 보물들이었기 때문이다. 그의 인생에서 가장 귀중한 보배들이었기에, 그는 가족의 이야기를 몹시 아꼈다.

나는 그와 나누었던 이야기들과 가족들에게 들었던 이야기들 중에서 조금만 이야기하려고 한다. 그 이유는 그가 가족을 사랑했던 그 마음이 나의 경솔함으로 인해 상하지 않게 하기 위해서다.

할아버지에게 받은 선물, 너른 마음

전생수 목사는 강원도 인제군 신남면 갑둔리에서 태어나 자랐다. 그의 인생에서 가장 존경하고 삶의 모범으로 삼으려 했던 분은 할아버지였다.

"나는 아버지에 대한 기억은 거의 없어. 하지만 할아버지에 대한 기억은 많지. 할아버지는 마을의 훈장이셨어. 학생들을 가르치실 때 정성을 다하셨지.

그리고 마을 사람들은 아기가 태어나면 으레 할아버지에게 찾아와서 이름을 지어달라고 부탁했지. 마을 사람들 가운데서 상(喪) 당하신 분이 있으면 산소자리를 잡아주시기도 했지.

마을 사람들은 할아버지에게 고마움을 표하기 위해 담배와 농산물들을 선물하기도 했고, 돈을 드리기도 했지만 돈은 한 번도 받으신 적이 없어. 또 마을 사람들의 살림살이보다 분에 넘치는 선물은 한사코 물리셨지.

그야말로 할아버지는 마을의 어른이셨어. 지금 농촌이 점점 황폐화된 것은 할아버지와 같은 어른이 사라졌기 때문이야."

그의 할아버지는 한 사람도 물리친 적이 없다 한다. 어려운 사정이 있는 사람이 찾아오면 어떻게든 그를 도와주려 했고, 도와주셨다고 한다.

할아버지가 마을의 어른이셨고, 늘 든든한 품이셨기에, 전생수 목사는 어릴 적부터 군대 가기까지 할아버지의 뜰 안에서 마음껏 놀고 개구쟁이 짓을 했다고 한다. 닭서리 하고, 과일서리를 하다가 붙잡혀도 할아버지의 존함만 이야기하면 늘 곱게 풀려나곤 했다고 한다.

전생수 목사는 한번 사귄 사람은 알뜰히 품으려 했고, 누구에게나 좋은 친구가 되었다. 오래된 느티나무처럼 그의 너른 품은 분명 할아버지에게서 받은 선물이었다.

늘 미안하고 미안한 아내

"여보, 보고 싶었소.
내가 당신 사랑하는 것 분명하지요.
당신이 있었기에 오늘의 내가 있고,
또 앞으로도 그럴 수밖에 없어요.
또 당신도 기쁘게 될 것이고요.
당신의 남편."

전생수 목사는 해군으로 7년간 복무를 마친 후, 1981년 3월에 박영자 사모와 결혼을 했다. 그리고 같은 해 5월 첫 주에 강릉지방에서 금산교회를 개척했다. 목사이며 남편인 사람 중에 아내의 도움을 받지 않는 사람은 아무도 없을 것이다. 그중에서 전생수 목사는 아내의 가장 큰 도움으로 산 사람 중 한 사람이다.

전생수 목사는 첫 목회지였던 금산교회에서 예배당을 짓기 시작했다. 교우들도 별로 없었고, 돈도 거의 없었다. 그는 그의 젊음과 아내만 믿고 예배당을 지으려 했다. 박영자 사모는 내게 그 당시의 이야기를 조금 들려주었다.

"목수들은 품값을 달라고 하는데 돈은 없고 … 목수들이 돈 달라며 온갖 욕설을 퍼부었고, 보건소에 다니던 저의 월급은 늘 목수들의 품값으로 지불되곤 했어요.

그러다가 도저히 안 되어서, 저는 보건소 일을 그만두고 퇴직금으로 품값을 지불해야 했어요. 퇴직금을 받던 날, 목사님이 갈비를 사준다며 식당엘 갔어요. 저녁을 먹고 나자, 퇴직금을 냉큼 받아들고는 나갔어요. 저는 퇴직금을 조금도 써 보지 못했죠."

금산교회 예배당을 지으면서, 전생수 목사는 많은 빚을 지게 되었다. 교우들에게 짐을 지게 할 수 없었기에, 그는 모든 빚을 자기가 지었고, 그 책임은 대부분 박영자 사모의 몫이었다. 이때 지은 빚으로 그는 남은 인생을 늘 가난하게 살 수밖에 없었다.

금산교회에서의 8년 생활을 마치고 그는 시온교회를 섬기게 되었다. 그때부터 그는 민주화 운동에 투신하였다. 그는 강릉역에서 민주화 시위를 주도하다가 붙잡혀 강릉경찰서에 연행되었고, 경찰의 감시를 받아야만 했다. 그때의 이야기를 그가 들려준 적이 있다.

"나는 교회의 앰프와 마이크를 가지고 강릉역으로 갔지. 그리고

1981년 3월 신혼여행, 설악산에서 …

외쳤지. 그러니까 경찰들이 달려와서 앰프와 마이크를 압수하고, 나를 붙잡더군. 그래서 경찰서장을 데려 오라고 야단쳤지. 나는 경찰서장에게 큰소리쳤지. 더 이상 민주화를 가로막지 말고, 선교를 탄압하지 말라고 말야. 그렇게 해서 교회 앰프와 마이크를 돌려받았어."

이 사건 이후, 경찰은 주일 예배 때마다 두 사람씩 번갈아가며 전생수 목사를 감시하곤 했다고 한다. 이때 그의 가정생활은 어땠을까? 박영자 사모는 그 당시 험난했던 이야기를 전해 주었다.

"글쎄, 목사님은요, 일 주일 동안 집 밖에 나가 살다가 토요일 밤이나 주일 아침에 집으로 돌아오곤 했어요.

한번은 보건소 근무를 마치고 집에 돌아오니까, 보람이는 온 방에 설사를 한 후 울고 있고, 한나도 울고 있었어요. 동네아이들은 놀이터마냥 놀러 와서 집안을 온통 엉망으로 만들어 놓곤 했는데, 그날은 정말 심했어요."

1980년대 후반, 전생수 목사는 민주화 운동에 온 정열을 쏟았고, 가정에 충실하지 못했다. 집안의 살림살이는 늘 아내의 몫이었다. 그래도 틈나는 대로 자전거에 아들을 싣고 마을을 산책했고, 딸과 설악산을 산행하며 아슬아슬한 절벽을 밟고 사진을 찍기도 했다.

충주의 추평교회를 섬기면서 그는 더 이상 민주화 운동과 교회 개혁을 위해 앞에 나서지는 않았다. 그는 예배당에서 밤새 기도하기를 즐거워했고, 책 읽기에 열중했고, 벗들과 사귀는 일을 좋아했다. 충주에서도 그의 가난은 계속되었다. 교회에서 받는 생활비로는 자식들을 교육시키고 생활하기에 벅찼기에, 박영자 사모는 엄정의 작은 의원에 다니며 생활비를 벌어야 했다. 그때 쓴 편지에는 이렇게 적혀 있다.

"아내에게

정읍을 떠나면서 몇 자 적습니다.

당신의 몸이 불편한 것을 보고 와서 마음이 편치 않은데 가끔 전화를 통해서 당신 목소리를 들으면서 마음이 놓이기도 하지요.

사는 문제로 인해서 너무 신경 쓰지 말아요. 무엇을 얻고 누리고 하는 것은 종이 한 장 차이입니다.

한나나 보람이 문제나 살림 문제도 당신 마음 갖기에 달린 일입니다. 필요한 것은 필요한 때에 받으리라고 믿고 마음 편히 살 수 있길 바랍니다.

남편 만득이."

아내가 직장에서 근무하고 돌아올 때면, 전생수 목사는 아내를 위해 목욕물을 데우고, 집안을 청소하고 소박한 밥상을 준비하곤 했다. 그가 아내를 위해 그렇게 하는 것에 대해서 이렇게 고백한 적이 있다.

"아내에게 미안해. 아내가 많이 아파. 당뇨 때문에 날마다 피곤해 하고, 얼굴이 부어.

그래도 나 같은 놈 안 만났어 봐. 더 큰 집에, 더 큰 차에, 더 비싼 옷을 입기 위해 힘쓰고 자기는 잘났다고 뽐낼 것 아냐."

그는 아내에 대한 미안함을 이렇게 뻔뻔스러움으로 나타내곤 했다. 전생수 목사는 아내의 잔소리를 들으면 투정부리듯이 집을 나가곤 했다. 어린아이처럼….

보람이는 한때 아찔했었다며 이렇게 말했다.

"언젠가 한번 엄마가 짐을 싼 적이 있어요. 엄마가 무엇 때문인지 화가 나서 집을 나갔어요. 엄마가 집을 나가고 조금 있다가 아빠도 집을 나갔어요. 그때 나는 누나랑 고아가 되는 줄 알았어요. 다행히 엄마가 먼저 집에 들어오셔서 안심이 되었죠."

전생수 목사의 밤샘 철야는 생활이었다. 여름이고 겨울이고, 그는 낡은 예배당의 강단에 앉아 늘 기도하며 서너 시간만 자고 살았다. 그러는 남편이 늘 안쓰러웠던 박영자 사모는 "우리 목사님은요, 참 궁상맞게 살았어요." 하며 이렇게 말을 이었다.

"새벽기도를 마치면 6시쯤 돼요. 그때 '여보, 가요' 하면, 목사님이 몸을 일으켜 세우려 하지만 꼼짝도 못하곤 했어요. 다리가 저려서 일어날 수 없었거든요. 제가 자전거를 타고 집으로 돌아오면 한참 뒤에 오시곤 했어요. 한겨울에도 이불을 덮거나 담요를 두르지도 않고 있어요. 참 불쌍하기도 하고 안타까웠어요."

추평교회의 한겨울은 참으로 춥다. 새벽기도는 더 심한데, 바닥 밑에서 올라오는 냉기와 머리 위에서 내려오는 한기(寒氣), 양 옆에서 다가오는 차가운 바람이 고스란히 온 몸에 달라붙는다.

전생수 목사는 추평교회 예배당에서 철야기도를 하다가 중풍으로 쓰러졌다. 박영자 사모와 교우들은 그를 급히 충주의 건국대 응급실로 옮겼다. 그는 일어날 수 없는 몸이었지만, 자꾸만 일어나려 했다. 그리고 하루 뒤, 그는 홀로 일어설 수 없다는 사실을 알았는지 죽음으로 달려갔다. 그는 다시 일어설 수 없다는 사실을 알고는 사모에게 이런 말을 했다고 한다. "여보, 내가 죽으면 몇 백만 원은 손에 쥘 수 있을 거야."

그 다음날, 우리는 그의 몸을 원주 기독병원으로 옮겼다. 그의 의식은 점점 희미해져 갔다. 그래도 그는 자기 아내의 말과 숨결을 알고 있었다. 박영자 사모가 의식이 멀어만 가는 그에게 "여보, 나 왔어! 힘내!" 하고 외치면, 그는 눈을 감은 채로 오른손으로 사모의 손을 붙잡고 격려했다.

그러나 가족들의 기대는 서서히 깨어지고, 전 목사의 의식은 죽음에 이르렀다. 가족들은 건강할 때 그가 말했던 뜻을 따르기로 했다. 장기기증을 하기로 한 것이다. 그런데 기독병원에서 가퇴원할 돈이 그들에게는 없었다. 병원에서는 280만 원을 이야기했지만, 박영자 사모가 의원을 다니면서 모아둔 140만 원이 그들의 전 재산이었다. 다행히 아는 분들을 통하여 겨우 가퇴원할 수 있었고, 가족들은 전 목사의 유언대로 장기기증을 하여 각막과 신장을 두 사람에게, 간장을 한 명에게 전달하였고, 심판막·연골도 살아남은 자에게 줄 수 있었다. 그의 시신은 화장한 후 고향에 뿌려졌다.

박영자 사모는 지금 속초로 이사를 하여 영랑호 근처에 살고 있는 영세민들의 건강을 돌보고 있다. 세 식구가 살기에는 턱없이 모자란 생활비지만, 아무런 걱정도 하지 않고 살고 있다. 가난은 그녀의 가장 친한 친구이기에 참아 견디고 있다.

박영자 사모는 남편에 대해서 이런 말을 한다.

"목사님은 품이었어요. 너무 힘들어 아무것도 할 수 없을 때면, '괜찮아, 별 거 아니야' 하면서 제 어깨를 툭 치곤 했어요. 그러면 하늘이 무너질 것 같은 일들이 별 거 아니었어요."

그녀는 앞으로의 꿈에 대해서 웃으면서 말했다.

"2년 후에는 가난한 할머니들을 몇 분 모시고 양로원을 하려고 합니다. 이름도 지었어요. '행복한 양로원'이라구요. 보람이가 붙인 이름인데, 괜찮죠? 저는 가난하게 살았고, 가난하게 살 거지만 괜찮아요. 전 목사님과 만나 누렸던 자유와 행복에 비하면 큰 집과 안락한 생활은 비교할 수 없어요."

보람이 이야기

보람 군이 군에서 제대하고 나서, 자기 아버지가 불을 지폈던 아궁이 앞에 앉았다. 이제야 아버지가 곁에 없는 것을 실감하듯 그의 눈가에 눈물이 살짝 고였다.

"아빠는 내게 잘해 준 것도 없는데, 왜 자꾸 생각나는지 모르겠어요. 어떤 분들은 아버지를 스승이요 진정한 목사 중의 목사였다고 하는데, 나는 잘 모르겠어요. 아빠는 그냥 아빠였거든요."

나는 추평교회 부담임목사로 있는 중에 보람이가 아버지에게 큰 몽둥이로 얻어맞는 걸 본 적이 있었다. 그래서 나는 얼마 전까지도 보람이가 아빠에게 많이 얻어맞고 살았다고 생각했다. 그런데 자기 아빠를 조금 헐뜯으려는 내게 보람이는 많은 편지를 보여주었다. 전생수 목사는 아들과 딸에게 많은 편지를 남겼다. 이 편지들은 그가 아들을 얼마나 극진히 사랑했는지 잘 보여주고 있다. 고등학교 1학년에 재학중이었던 보람이에게 보낸 오래된 편지가 있다.

"아들, 아빠는 네가 네게 주어진 '인생의 기회'를 지금부터 소중하게 여기길 바란다. 인생은 한 번밖에 없는 삶의 기회인데 그것을 쓸모없이 허비하는 것은 얼마나 어리석은 짓이냐? 아빠가 네게 아침에 일찍 일어나라고 재촉하는 것도 네가 너의 시간을 소중하게 쓰기를 바라는 마음에서다. 언제인가도 말했다만 하루 24시간을 잘 쓰면 다른 사람 40시간 사는 것보다 더 잘 살 수 있는 거야. 네가 고쳐야 할 것은 무엇인지 자신을 살피면서 잘 자라주길 바란다.
　엄마의 건강이 좋지 않다. 그러니 네가 엄마를 도울 수 있는 것은 돕고, 특히 엄마의 마음을 아프게 하지 마라. 아빠는 너의 착한 마음을 안다. 그리고 그것이 매우 귀중한 것이라고 생각한다. 아빠가 보기에 너는 자신감이 부족한 것처럼 생각하는데, 너는 하려고만 하면 무엇이든지 할 수 있어. 그러니 자신감을 가지렴.
　아들을 사랑하는 아빠가."

전생수 목사는 생일 때가 되면 카드에 축하의 말과 함께 용돈을

"마냥 신났다." 조금 뒤에 아들 발이 자전거에 감겼고 아빠는 몹시 놀랐다.

넣곤 했다. 보람 군이 열아홉 되는 생일날 쓴 편지다.

"보람아, 생일 축하한다.
 모든 사람의 인생 속에는 신비가 있다. 하느님께선 모든 사람의 인생 속에 보물을 묻어두셨다. 삶이란 하느님이 묻어 놓으신 보물을 찾는 것이란다. 네 인생 속에도 훌륭한 보물이 묻혀 있다. 그 보물을 잘 찾기 바란다. 자신의 삶을 잘 살면 날마다 생일이다(날마다 즐겁다). 또 날마다 생일이어야 아름다운 삶이 된다(날마다 새로 태어나는 것). 너의 인생이 아름다워지도록 힘쓰려무나.

아들을 사랑하는 아빠가.

추신 : 밖에 나가 친구들과 어울리더라도 추하지 않게 놀아라. 시간과 장소에 따라 감정이 흔들리지 않는 몸가짐 마음가짐이 중요하다. 즐거운 생일 되도록 해라."

전생수 목사는 가난한 살림으로 인해 늘 고민하고 불편해했던 보람 군에게 이렇게 말했다.

"보람아, 보아라.

금식하면서 아빠가 생각한 것인데, 네가 가난하게 생각하는 것 같더구나. 그러나 아빠는 네게 자신 있게 말한다. '우리는 가난하지 않다'고. 네가 가난하게 느끼는 것은 네가 마음껏 돈을 쓰지 못하는 것에서 오는 생각이야. 그러나 곰곰이 생각해 보렴. 모자라지도 않고 남아돌지도 않고 적절하다고 여기지 않니? 아빠는 이렇게 믿으며 살았고 또 실제로 그렇게 되었다. '필요한 것은 하느님께서 주신다.'

보람아, 신실하게 하느님을 섬기면서 사는 사람에겐 부족함이란 없단다. 모든 것이 풍성할 뿐이야.

실제로 세상을 살아가는 데 필요한 것도 때를 따라 얻게 된다. 그러니 네가 지금 돈을 마음껏 쓸 수 없다는 것 때문에 불만족스럽게 여기지 마라. 특히 네 앞길을 선택하는 데 있어서도 경제적인 어려움에 선택이 좌우되어서는 안 된다. 네가 올바른 생각-이 세상에서 어떻게 사는 것이 가장 멋진 삶일까-으로 선택한 삶은 하느님이 도와주신다고 아빠는 믿는다.

2000년 고등학교 2학년인 올해는 네가 훨씬 더 성숙하고 멋있게 변화되었으면 좋겠다.

아빠로부터."

전생수 목사는 아들 보람 군에게 잔소리를 아주 많이 했다.

"시간을 헛되게 보내지 마라.
아침에 일찍 일어나라.
책을 많이 읽어라.
네 삶을 스스로 계획해서 살아라."

이 편지 속에서도 아들에게 자신감을 가지고 열심히 공부할 것을 당부하고 있다.

"너의 일과 생활은 네 스스로 잘 계획해서 해라. 남에게 간섭을 받기 시작하면 한도 끝도 없어 홀로 서기 어렵다. 그리고 네가 스스로 하지 않으면 남에게 간섭을 받게 되고 그러다 보면 네 인생을 네 스스로 살지 못하는 불행한 삶이 된다.

네가 지금 네 일을 스스로 하지 못하면 앞으로 너에게 주어지는 일들에 짓눌려서 허덕이게 되고 그러다 보면 삶을 제대로 살지 못해. 주변에서 그런 어른들을 볼 수 있지 않느냐?

자신감을 가져라. 너는 할 수 있고 그런 성품과 지혜도 있다. 단지 네가 그것을 사용하지 않고 있어서 못하는 것처럼 보이는 것이야. 당당해라. 자기 인생을 제대로 살 때만 당당할 수 있다. 비굴하지 마라. 자신의 삶을 제대로 살 때만 비굴하지 않을 수 있다.

하느님은 준비하는 사람을 쓰신다. 네가 지금부터 준비한다면 하느님은 네가 준비한 만큼 좋은 일을 위해 일하도록 도와주실 것이다. 준비하는 것은 네 스스로 네 자신을 잘 가꾸는 것을 말한다. 몸을 튼튼히 가꾸고, 마음을 선하게 가꾸고, 지금의 해야 할 일에 성실하는 것이 준비하는 것이다.

하루에 한 시간씩만이라도 책상 앞에 정숙하게 앉아라."

보람 군이 군에 입대할 무렵이었다. 전생수 목사는 아들에게 삼겹살을 구워주면서 "보람아, 네가 군생활 동안 가장 힘들 때에 읽어 보아라." 하며 작은 쪽지를 주었다.

보람 군은 그 쪽지를 지갑 속에 가지고 다닌다. 그 쪽지에는 이런 말이 적혀 있다.

"모든 기회를 몸과 마음의 수련의 기회로 삼으려무나. 아빠가."

보람 군은 군에서 제대하고 감리교신학대학교에 복학할 예정이다. 그가 아빠처럼 좋은 목사가 될지 아니면 다른 길을 갈 것인지 궁금하다.

한나 이야기

한나 양에게 물었다.
"네 아빠는 너에게 어땠냐?"
한나는 서슴없이 말했다.
"아빠요? 제겐 완벽한 아빠였어요."
전생수 목사는 딸의 생일이 되면 편지봉투에 약간의 용돈과 함께 축하의 말을 간단하게 적어 선물하곤 했다.

"딸아, 너의 생일을 진심으로 축하한다."

한나는 아빠에게 받은 편지를 보여주며 "그 속에 5만 원이 들어 있었어요." 하고 자랑했다.
한나 양이 고등학교 진학 때 아빠와 다툰 적이 있다며 이렇게 말했다.

"제가 충주여고에 붙었는데, 나는 거기에 진짜로 가고 싶지 않았어요. 나는 그냥 엄정에서 학교 다니고 싶었거든요. 그런데 아빠는 '우리가 가난해서 그런 것이냐? 후원자를 모을 테니 충주로 나가 공부하려무나.' 이렇게 말씀하시는 거예요. 그런데 저는 끝까지 엄정을 고집했어요. 가난 때문이 아니었어요.(이곳에서는 공부를 잘하는 학생이면 충주로 나가 공부하는 것을 당연하게 여긴다. 한나는 공부를 잘하는 학생이었다.)

아빠랑 말도 하지 않고 며칠 지나자 아빠는 '네가 결정한 일이니 그렇게 하려무나.' 하며 저의 뜻을 받아주셨어요. 아빠는 늘 이렇게 저의 든든한 후원자가 되셨어요."

한나가 강원대 영어교육학과에 진학하여 교생실습을 하게 되었다. 전생수 목사는 딸에게 수고했다며 이렇게 편지를 썼다.

"딸아, 선생님 되는 훈련하느라 고생했다. 훗날 무슨 일을 하든 그것은 그때 일이고 지금은 네가 하나하나 경험과 실력을 쌓는 과정이다. 생의 좋은 기회가 와도 준비된 것이 없으면 아무것도 아니다. 사회는 네가 경험하지 못한 것들로 가득하다. 세상살이는 그리 만만한 것이 아니다. 그러나 또 아무것도 아닐 수도 있다. 너의 '속사람'을 어떻게 가꾸느냐에 따라 세상은 다르게 다가온다.

앞으로 너의 앞에 오는 세상을 아름답게 맞이할 수 있도록 준

한나의 고등학교 졸업식

비해라.

　　교생실습을 끝낸 딸에게. 아빠가."

전생수 목사는 딸에게 걷는 훈련을 잘 하라고 자주 말하곤 했다.

그리고 딸을 데리고 시냇가를 따라 작은 논둑길을 걷다가 '물바우'(전생수 목사가 붙인 이름)에 이르자, "여기가 너만의 비밀장소야. 누구에게도 보여주지 않았어." 하고 걸음을 멈추었다. 전생수 목사는 물속에서 노니는 버들치들과 물소리, 머리 위를 나는 새들, 자기가 내쉬는 숨소리까지 놓치지 말라고 일러주었다. 전생수 목사는 딸에게 '걷기'(how to walk)라는 쪽지를 선물했다.

걷기

1. 허리는 꼿꼿하게 펴고 배꼽에 힘을 준다.
2. 시선은 70미터 앞 땅을 본다. (턱과 가슴과 수평으로 하면 된다.)
3. 1분에 100보 속도로 걷는다.
4. 팔은 앞뒤로 크게 움직인다.
5. 오감을 열어 자연과 호흡한다. 햇빛, 햇볕을 느끼고, 바람소리를 느끼고, 물소리를 느끼고, 흙과 풀을 밟으며 느끼고, 새소리를 듣고, 덤불 속의 새들을 보고, 다른 발자국을 보고….
6. 5번 방법을 한참 하다가 마음을 발걸음에 모은다. (한 발자국 한 발자국 놓치지 않는다.)

아빠의 이야기를 하며 한나는 무척 즐거워했다. 한나는 지금 선생님이 되기 위하여 춘천에서 임용고시를 준비하고 있다.

그의 선물

나는 전생수 목사의 뒤를 이어 추평교회를 섬기게 되었다. 그는 52세까지 목사관과 예배당의 화장실 똥을 치웠다. 그는 똥을 치우며 싱글싱글 콧노래를 불렀었다. 나는 코를 막곤 하는데. 그는 연탄을 갈며, 아궁이에 나무를 넣으며 늘 흥얼흥얼 노래하곤 했다.

추평으로 이사 온 그날 새벽, 그는 내게 아주 좋은 선물을 했다. 한참을 자고 있었는데, 누군가가 창문을 두드렸다. 얼핏 일어나 보니 그였다. 이마와 콧등에는 송글송글 땀이 맺혀 있었고, 안경에는 하얀 입김이 끼어 있었다. 청바지에 군용 야상을 입고 있었다. 그는 내게 무언가를 말하려는 듯 계속해서 창문을 두드렸다. 나는 얼른 밖으로 나갔다. 그는 어디론지 가고 없었다.

새벽 3시 45분경, 하늘을 보았다. 별들이 머리맡에서 나를 바라보고 있었다. 나는 별을 따라 예배당으로 발길을 옮겼다. 별들이 온통 나를 따라왔다. 예배당에 앉아 있는 동안에도 별들은 나를 지켜보고 있었다. 마음이 환해졌다. 나는 형에게 말했다. "형! 고마워! 잘 살게." 그는 유쾌하게 살았고, 신명나게 살았다. 그의 정선 아리랑이 귓가에 맴돌지만 다시 들을 수 없다.

어느 봄날, 그의 외침! "와! 기록아, 이리와 봐! 저 버들치들을 좀 봐! 추운 겨우내 잘도 살아 있었어!"

아주 작은 일에도 신기해하고 놀라워했던 그의 환한 얼굴, 큰 얼굴에 작은 보조개가 그립다.

244 더 얻을 것도 더 누릴 것도 없는 삶

245

가족이야기

전생수 목사가 자기만의 성소라고 말하던 추평저수지(전생수 사진)

추모의 글

처음 그날처럼 첫발을 내딛다

故 전생수 목사의 별호(別號)는 허이(虛耳)입니다.
한문 글자의 뜻 그대로 '빈 귀' 란 말이죠.
"귀 있는 자 들어라" 했던 예수의 말에 비추어 지은 이름 같습니다.
'빈 귀' 란 '귀 없다' 입니다. 그러나 그것은 역설로 '귀 있다' 입니다.
귀 있다는 말은 '다 듣겠다' 입니다.
그러니 허이(虛耳)는 '귀 있는 자' 로 살겠다는 의지입니다.
그는 이름처럼 살았습니다.
'이름' 은 이렇게 실체를 완성하는 힘이 있는가 봅니다.

* 전생수 목사를 그리며 쓴 시와 글, 눈물과 소망중에 거행된 장례식,
각 신문에 게재된 전 목사의 삶을 실었다.

故 전생수 목사를 보내며

허이(虛耳)로 살고 싶습니다

나이 쉰둘은

한 사람이 건너온 시간의 강이 되기에
한 사람이 넘어온 공간의 산이 되기에
이윽고 도달한 초원이 되기에 이르지도 늦지도 않다.

어린애들이 목청껏 부르는 셈본 시간의
그 무심한 숫자도 아니다.

허공을 스치는 바람이며
별똥이 떨어지는 그 짤막한 휘광이며,
찢겨진 깃발이며,
무너진 성벽과 다 타버린 모닥불의 재다.
그 속에는
새소리도 있고 꽃의 냄새도 있다.

어둠속에 어쩌다 햇빛이 새어 들어오면
빛의 다발을 확연하게 만질 수 있듯이,
쉰둘은
일광이 충만한 정오의 광장과 같다.

그
빛다발 가득한 광장에 나서면
가득하면서도 텅 빈 공허밖에 볼 수 없는데,
그걸 볼 수 있는 나이다.

침을 발라서 지폐를 헤는
전당포의 탐스러운 숫자와,
숱한 서류와 증명서의 기호에서
벗어날 나이다.

이 모든 것을 이루기에 이르지 않은
쉰둘에
마치 처음의 그날처럼
첫발을 내딛는 생수 형아!

안녕!

기도하다가 쓰러져서 회생하지 못하고 끝내 하나님 나라로 간 故 전생수 목사의 별호(別號)는 허이(虛耳)입니다. 한문 글자의 뜻 그대로 '빈 귀' 란 말이죠. 생전에 그가 자신의 별호를 풀어 설명한 적은 없지만, "귀 있는 자 들어라" 했던 예수의 말에 비추어 지은 이름 같습니다.

'빈 귀' 란 '귀 없다' 입니다. 그러나 그것은 역설로 '귀 있다' 입니다. 귀 있다는 말은 '다 듣겠다' 입니다. 그러니 허이(虛耳)는 '귀 있는 자' 로 살겠다는 의지입니다.

그는 이름처럼 살았습니다. 하나님의 품으로 가기 1년 전에 썼다는 고인의 유서를 읽으면 눈 뿌리가 축축해지고 뼈에서는 한기가 일어납니다. 소유의 유무에 상관없이 이 땅에 내신 이를 자각하고 자신을 객관화시킴으로 '존재의 복됨' 을 기뻐하고 있습니다.

'이름' 은 이렇게 실체를 완성하는 힘이 있는가 봅니다.

마가복음(4:21~25)에 보면 "가진 자는 더 받을 것이요 가지지 못한 사람은 그 가진 것마저 빼앗길 것이다." 라는 말씀이 있습니다. 빈익빈 부익부가 정당하다는 뜻이 아닙니다. '예수께서 가르치는 말(복음)을 잘 들어 품고 키우면 많은 열매를 맺는다. 그러나 듣지 않고 품지 않고 키우지 않는다면 무슨 열매가 있겠는가' 라고 묻는 것입니다. 더 많이 가지려면, 복음의 열매를 많이 거두려면 '잘 들어야' 한다는 것입니다. 그 귀, 잘 듣는 귀가 바로 '빈 귀' 라는 것이지요.

하나님을 따르고 사람을 사랑하는 목사에게 이만한 '이름' 이 있을까 싶습니다. 고인이 허락한다면 나도 이제 허이(虛耳)로 살고 싶습니다.

허, 虛耳!

* 이 시와 글을 쓴 허태수 목사는 춘천 성암교회 담임이며, '故 전생수 목사를 기리는 이들의 모임' 회장이다.

장례

2005년 10월 21일 이른 6시, 가을비가 처연히 내리는 충주 장례식장에서 많은 지인들과 교인들이 모인 가운데, 故 虛耳(만득이) 전생수 목사의 장례예배가 경건하게 드려졌다.

고진하 목사의 사회로 안병길 목사가 기도하며 박철 목사가 조시를 읊었다.

추평교회 청년들과 학생들, 그리고 친구들이 조가를 불렀다. 임락경 목사가 설교하고 이현주 목사가 조사하고 딸 전한나가 마지막으로 아빠에게 쓰는 편지를 낭독했으며 아들 전보람 군이 아빠의 유서를 공개했다.

찬송 "하늘 가는 밝은 길이"를 부르고 정상복 목사가 축도했다.

장례식은 이렇게 끝나고 장기가 기증된 그의 시신은 충주화장장으로 옮겨져 한줌의 재로 변했으며, 고향 인제의 어느 나무그루 아래 뿌려졌다.

- 당당뉴스에서

언론보도

무소유의 삶 실천하던 전생수 목사
육신마저 주고 떠나

…(생략)…

충북 충주시 추평리 산골마을에 있는 전형적 농촌교회인 추평교회 담임 전생수 목사는 14일 밤 늘 해 오던 대로 교회 강단의 의자에 앉아 기도하던 중 뇌중풍으로 쓰러졌다. 구급차에 실려 충주시 건국대병원과 강원 원주시 연세대기독병원으로 옮겨졌지만 회복하지 못하고 19일 향년 52세로 소천하고 말았다. 그의 각막, 신장, 간 등은 서울아산병원에서 다른 환자들에게 이식됐다. 나머지 그의 시신은 화장돼 고향인 강원 인제군의 산과 들판에 뿌려졌다.

21일 교회에서 열린 장례식에서 유족이 공개한 전 목사의 유서는 20여 년 동안 농촌 목회를 하면서 예수의 가르침에 따라 살아온 그의 무소유의 삶의 정신을 잘 보여 준다. 평소 교인들에게 항상 죽음에 대비하며 살아가야 한다고 역설해 온 그는 스스로도 지난해 2월 25일 사순절 첫날에 이 유서를 작성했다. 유서대로 장례식은 부인 박영자(50) 씨와 1남 1녀, 가깝게 지내던 목사 및 교인들만 참석한 가운데 조촐하게 치러졌다. 장례에 참석한 허태수 목사는 "자연이나 여러 상황에조차 빚졌다고 생각하며 살던 분이었는데 끝까지 나누면서 가셨다"고 추모했다.

한 교인은 교회 카페(cafe.daum.net/sanheaddlehead)에 올린 글에서 "한없이 넓은 몸과 마음을 가지셨고 많은 이에게 사랑을 베푸셨던 목사님을 하나님이 너무 일찍 데려가셨다"며 안타까워했다.

전 목사는 강원 강릉시 외곽의 교회에서 목회하다가 11년 전 추평교회로 목회지를 옮겼다. 8개 마을에 노인 중심으로 주민 500여 명이 살고 있는 이 지역에서 그는 교인 40여 명으로 소박하지만 알찬 교회를 일궈 나갔다. 그는 평소 '우리 안에 하나님의 나라를 이루자'는 신앙으로 자신의 삶과 하나님의 진리를 일치시켜 나가려 했다고 교인들은 전한다. 부인 박 씨는 "목사님은 평소 예수님이 하셨던 것처럼 나그네의 삶을 살기를 원했다"고 말한다.

다른 농촌교회처럼 추평교회도 재정적 어려움을 겪었으나 박 씨가 면소재지 병원에서 간호사로 일하면서 목회를 뒷받침했던 것으로 알려졌다.

유족은 전 목사의 유지를 받들어 이 같은 일이 알려지기를 바라지 않고 있으나 교계 내에서는 그를 추모하고 유족을 도우려는 운동이 벌어지고 있다.

동아일보, 2005.10.29

"내 흔적 이 땅에 남기지 말아주오"

평생을 가난한 시골교회에서 목회활동을 벌이다 아무것도 남기지 않고 떠난 한 목사의 유언장이 잔잔한 감동을 주고 있다. 지난 19일 교회에서 철야기도를 하던 중 갑작스러운 뇌졸중으로 소천한 추평교회(충북 충주시 엄정면 추평리) 허이(虛耳) 전생수(향년 52세) 목사의 유언장이 그것이다. 전 목사는 '목사님' 칭호보다 별호인 '만득이'로 불려졌는데, 이는 '촌놈'이란 의미로 스스로 붙인 것이다.

21일 장례예배에서 아들(보람)에 의해 공개된 유언장에는 부인과 1남 1녀 등 가족에 대한 언급은 전혀 없이 자신의 시신을 기증하고 흔적을 남기지 말라는 짧은 내용으로 채워져 있다.

지난해 사순절 첫날(2월 25일)에 작성된 이 유언장에서 고인은 먼저 "나는 오늘까지 주변인으로 살게 된 것을 감사하고, 모아 놓은 재산 하나 없는 것을 감사하고, 목회를 하면서 호의호식하지 않으면서도 모자라지 않게 살 수 있었음을 감사하며, 이 땅에서 무슨 배경 하나 없이 살 수 있었음을 감사하고, 앞으로도 더 얻을 것도 없고 더 누릴 것도 없다는 것에 또한 감사하노라"라고 적어 가난한 목사의 삶을 행복에 겨워하고 있다.

유언장은 이어 "첫째, 나는 치료하기 어려운 병에 걸리면 치료를 받지 않을 것인즉, 병원에 입원하기를 권하지 말라. 둘째, 나는 병에 걸려 회복하기 어렵다고 판단되면 어떤 음식이든 먹지 않을 것인즉 억지로 권하지 말라. 또한 내가 의식이 있는 동안에 나의 죽음에 대한 이야기 나누기를 꺼려하지 말라. 셋째, 내가 죽으면 가까운 사람들에게만 알려 장례를 번거롭게 하지 말라"고 자신이 병환과 죽음에 임했을 때 주변에 몇 가지 당부의 말을 남기고 있다.

고인은 그 다음에 "내가 죽으면 내 몸의 쓸모 있는 것들은 필요한 사람들에게 나누어 주고, 나머지는 내가 예배를 집례할 때 입던 옷을 입혀 화장을 하고, 현행법에 어긋나지 않는다면 고향 마을에 뿌려 주기를 바란다."면서 시신 기증과 화장에 대한 유언을 남겼다.

또 "내가 죽은 뒤에는 나에 대한 어떠한 흔적도 땅 위에 남기지 말라.(푯말이나 비석 따위조차도)"며 "와서 산만큼 신세를 졌는데 더 무슨 폐를 끼칠 까닭이 없도다."라고 밝혔다. 유언대로 전 목사의 장기는 기증됐고 나머지 시신은 화장돼 고향인 인제 산야에 뿌려졌다.

전 목사의 친구인 박철(시인) 목사는 "전 목사는 20년 동안 농촌목회를 하면서 예수의 가르침을 따라 무소유의 삶을 살았다"며 "유서에 사모님과 자녀들에게 언급이 없는 것을 보고 처음에는 의아하기도 했지만, 이내 전 목사의 속 깊은 마음을 알 듯하다"고 말했다. 박 목사는 "전 목사는 유족이 기거할 거처는 물론 단돈 10만원도 남기지 않았다"며 "주변에서 유족후원회를 만들어 조그만 전세방이라도 마련할 계획"이라고 말했다.
(후원계좌:농협 417130-52-072699 전한나)

문화일보, 2005.10.27

한 목사님의 아름다운 末年

…(생략)…

산골 교회 전생수 목사는 강릉에서 목회를 하다 11년 전 노인들이 대다수인 충북 충주 추평리 마을로 들어가 교인 40여 명과 함께 교회를 일궈오다 2주 전 뇌중풍으로 떠나면서 7명에게 장기와 새 생명을 선물했다. 그는 유서에 "오늘까지
주변인으로 살게 됨과, 모아놓은 재산 하나 없음과, 목회하면서 호의호식하지 않으면서도 모자람 없었음과, 앞으로도 더 얻을 것도 누릴 것도 없음에 감사한다"고 썼다.

노관택·주양자 박사와 전생수 목사는 할 일을 다 한 사람들이 물 흘러가듯 낮은 곳으로 흘러가 감사하고 바치며 사는 여생의 모범을 보여준다. 이런 흐름은 우리 사회를 그나마 숨 쉴 만한 곳으로 만들어주는 숨길이자, 누구보다 이런 삶을 살 수 있는 사람 스스로에 대한 축복이다.

조선일보, 2005.10.31

이 책은
교회와 목회를 위하여 한 몸 바친
故 전생수 목사님을 기리는 이들이 홍보출판국의 후원을 받아
마음 모아 펴낸 것으로
책의 수익금은
유족들에게 드립니다.
故 전생수 목사를 기리는 이들의 모임

故 전생수 목사의 글은
다음 카페 '산머리 들머리 교회 살림'에서 만날 수 있습니다.
도움의 손길
후원계좌 : 농협 417130-52-072699(전한나)